내면의 고민과 행복

내면의 고민과 행복

정행 지음
학마을 명상 센터

국학자료원

원리 전도 몽상

상처나 트라우마 기억은 치료가 되는 것이 아니다.
그러나 이해되면 고통이 사라질 뿐이다.

머리말

이 책에서 얻고자 하는 것은 두 가지이다.

몸과 마음에 불편한 것을 다루고자 한다.

마음의(내면)문제 때문에 삶의 길을 잃고 헤매는 일이 많아지고 잘못된 견해로 인해 먼 길을 돌아가는 것을 흔히 본다. 또한 잘못된 생각의 결과는 몸으로 나타나고 삶의 행복 지수를 낮춘다.

잘못된 견해는 많은 대가를 지불해야 한다.

따라서 많은 고통이 따르고 그 대가는 몸의 병으로 지불해야 한다.

우리 마음 속(내면의 고민)의 병이 잠제하기 때문이다.

내면의 고민이 커지면 힘이 강해져 아무것도 못하게 되고 고민으로 꽁꽁 묶어 버리기도 하며, 자신 스스로 만든 감옥에 자신을 가두는 일이 많아지게 된다.

우리사회는 많은 상담사들과 지도자들이 있지만, 상담자의 문제만 집중하는 상담사는 그리 많지 않다. 진정으로 내면의 고민 없이 자기생각이 투사되지 않기 때문이다. 이런 일은 우리교육의 문제이고 순서의 문제다. 상담사나 지도자는 상담 기법만 공부해서 되는 것이 아니라 내면의 고민부터 먼저 해결해야 될 일이다. 그러기 위해서는 마음을 잘 알아야 하고 마음을 잘 다스릴 줄 알아야 한다. 부족한 마음 쓰는 법을 조금이라도 보탬이 되고자 하는 것이 이 책을 내는 목적이다.

이 책의 내용은 우리말을 알아듣기 쉽게 풀이하여 표현하려고 노력했다. 한 단어라도 마음에 들어와 자리 잡으면 그것으로 많은 것을 바꿀 수 있다. 심리상담에 치료, 위로, 명상 다 좋으나 완치하는 데에는 부족함을 부정할 수 없다. 그것은 기초가 부족한 원인일 것이다. 마음에 대한 명쾌한 정리가 없이 중간단계와 그 이상 단계로 바로 들어가는 오류에서 나타나는 현상들이다. 따라서 학마을 명상에서는 명상을 처음 대하는 초보자가 이해하기 쉽도록 마음을 명쾌하게 정리했으며 이 마음 따라 공부를 하다보면 변화된 자신을 만날 것이다. 우리의 기억은 시간과 세월 속에 잊혀져 가지만 우리의 몸에 저장된 추억과 경험들은 시간과 공간을 넘어 다음 생까지도 이어지고 잘 지워지지 않기 때문이다.

우리는 다만 그 일을 이해하고 상황과 마음의 원리를 이해할 때 진정으로 지혜가 열리고 일에서 빠져나와 객관적으로 바라볼 수 있다는 것이다. 그러자면 당시의 상황이 억울하고 어쩔 수 없는 현실이며 삶의 한 부분이란 걸 이해하고 수용 할 때 억울한 마음에서 빠져 나올 수 있다. 지금 알고 있는 마음이 뒤집어져야 이해가 일어나고 마음을 바꿀 수 있다. 이것이 진정한 치유이고 위로이다.

다시 말하면 상처나 트라우마 기억은 치료되는 것은 아니다. 이해가 되면서 고통이 사라질 뿐이다.

에너지는 자연과 우리 몸에서도 생산이 되며 살아있거나 죽어 있거나 구별하지 않는다. 모든 생명체는 자연에서 생산되며 생산된 에너지는 사용하고 남으면 자연 상태로 보관 된다.

우리 환경은 에너지로 이루어져 있으며 이 에너지는 무한하다.

누가 가져다 쓴다고 줄거나 모자람이 없다.

우리는 이 에너지를 사용하는 방법을 배우는 것이며 연습을 지속시켜 습관으로 자리 잡을 때 우리는 이 에너지를 잘 사용 할 수 있게 된다.

내안에 있는 에너지만 잘 사용해도 건강해 질 수 있으며 남도 도울 수 있다. 에너지는 "주인이 없이 누구나 사용하는 사람이 주인"입니다.

돈이 드는 것도 아니다.

마음껏 쓰시기 바란다.

목차

제1품
나를 닦는 법

우리의 삶은 필연적으로 폭력을 동반한다.

이 지구상에 사는 생명체는 부드러운 것과 딱딱한 것 두 가지로 이루어져 있다. 부드러운 것은 단백질로 되어 있고 딱딱한 것은 섬유질로 되어있다. 부드러운 것은 이동성을 가지며 딱딱한 것은 고정적이다. 부드러운 단백질로 된 생명체는 자기생명을 유지하기 위해서 단백질을 공급 받아야 한다.

자기생명의 유지하는 방법은 약육강식이다. 나보다 약한 생명체를 희생시켜 단백질을 섭취해야만 삶을 유지할 수 있는 것이다. 현재 살아가고 있고 살아간다는 것은 나보다 약한 생명체를 해쳐야만 가능한 일이다. 따라서 우리의 삶은 필연적으로 폭력을 동반한다.

채식주의자들도 다르지 않다.

섬유질로 된 야채와 나물, 나무들의 어떤 식물도 폭력을 싫어한다. 즉 이세상의 모든 생명체는 고통에서 벗어나고 싶어 하고 폭력 앞에 떨고 있으며 식물이라고 생각이 없다고 무시해선 안된다. 우리 인간 역시 고통에서 벗어나고자 많은 노력을 한다. 남보다 앞서기 위해서 노력하고 일하며 남을 이기고자 노력하고 남을 해치기도하며 강제로 취하고 남에게 상처를 주며 잘못된 생각과 행동으로 나 자신을 오염시키고 스스로 자신을 탁하게 만든 것이 살아오면서 쌓인 업장이다.

우리 삶은 살아있고 살아간다는 것은 필연적으로 업(業)이 쌓이는 구조다. 현재 이순간은 나 자신이 가지는 삶의 방식의 문제다. 내가 가지고 있는 습관들, 성별과 행동, 패턴, 말투, 목소리 톤, 세상을 바라보는 관점들, 나만의 창문을 통해 세상을 내다보며 마음이 옳다고 우기는 문제들, 반복되는 실수 알면서도 나 자신만의 이익에 치중하는 문제들, 자신에게 진실하지 못한 생각과 행동들, 지금까지 삶에서 만들어진 나 자신이 문제라는 걸 인정해야만 한다. 따라서 사람에 따라 정도 차이가 있을 뿐 우리 삶은 업(業)의 굴레 없이 살 수는 없다. 생명을 유지하기 위해 하루 밥 세끼 먹는 것과 별차이가 없다. 그러나 생각으로 쌓는 업과 말로 쌓은 업, 몸으로 쌓은 업 등 사람들의 삶에 따라 천차만별이다. 이 업 때문에 우리의 삶은 더 힘들어지고 병이 생기고 삶은 더 처참해지고 하는 일은 노력해도 잘 풀리지 않는다.

몸에 악병이 있는 사람들은 음식을 무얼 먹고 살았는지 생각해 볼 것이며 어떤 생각과 말을 하며 사는지 자신을 볼 줄 알아야 한다. 자기 자신에게는 솔직하고 진실해야 한다. 남을 속인다는 것도 자기자신을 먼저 속여야 가능하고 나쁜마음도 나 자신을 먼저 통과해야 밖으로 나간다. 악담, 악설도 자신을 통과해야 가능하기 때문에 나 자신이 먼저 피해를 입는 것이다. 부처님께서도 지장경(地藏經)에 우리 중생들이 사는 남염부제는 5탁 악세라고 지적하신 적이 있다.(5가지 탁한 것을 지적하심) 겁탁, 견탁, 번내탁, 중생탁, 명탁 우리의 삶 자체가 자신을 탁하게 만들고 고통에서 벗어나고자 하면 할수록 더 고통스러운 삶이 이어지는 것을 우리는 여러 경로를 통해 알 수 있다. 따라서 고통에서 벗어나고자 하면 지금까지 하던 일을 멈추고 들여다 볼 일이다.

그것이 명상이고 자기자신을 닦는 것이다.

자신을 닦을 때 하고자 하는 모든 일과 건강을 가르키며 닦는다는 것은 그동안 삶에서 쌓인 탁한 기운을 걷어내는 작업이다. 나 자신의 본질은 생각을 멈추고 침묵의 상태이어야 한다.

명상은 생각, 마음, 행동으로 닦아지는 것이 아니다.

멈춤의 상태로 자연에 맡기면 정화되고 닦아진다.

멈춤이란 수행에서 말하는 중도이다. 어느 쪽에도 치우치지 않는 정지상태이고 중앙의 중립상태를 말한다. 아무 생각도 하지 않는 상태라야 본질이다. 이것이 자연의 상태이며 자기 자신을 볼 수 있는 상태인 것이다. 의도하지 말고 애쓰지 말며 자연 에너지에 흐름에 따라 맡겨야 한다.

명상 중에 떠오르는 상처 트라우마 고통스런 기억들

지난 상처나 기억들은 몸의 에너지로 저장된다. 생각과 생활에 따라 반복적으로 재현되면 기억으로 남아있는 에너지가 커지면서 우리 삶에 영향을 미친다.(건강이 악화 되는 과정이다.)

우리 마음은 상처 받기 쉬운 구조다. 마음을 안전하게 보호하는 방법은 어떤 경우든 상처를 받지 않아야 한다. 그러자면 마음의 원리를 잘 알아야 한다.

* 심리

심리란 마음의 근본자리를 알아가는 것을 말한다.
마음의 근본자리란 인성을 말한다.
따뜻하고 청정한 인성은 누구에게나 의지할 수 있는 대상이 된다.

*시작과 마칠 때

학마을 수련에서는 처음 시작과 마칠 때 꼭 실행해야 한다.

시작할 때
수련하는 동안 마음의 모든 것을 내려놓는다.
지금까지 아는 다른 수련방법들 지식들 자신의 마음에 모든 것을 텅 비우고 빈 통으로 만들어 수련에 임한다.

마칠 때
수련으로 오염된 자신의 정신과 몸 상태를 처음 시작할 때처럼 텅 비우는 작업 후에 마친다. 이 작업은 매번 시작과 마침의 출입문 임을 기억해야 한다.

제2품
마음의 종류
구조와 작용 심리

분별 하는 기관

얼굴과 몸은 감각을 통해 분별한다.

나를 중심으로 분별한다. (자기만의 틀 안에서 분별한다.)

분별하는 종류 (삶에 필요한 모든 것을 분별한다.)

분별 작용

무의식적인 교류

따뜻함, 연민, 존중, 배려, 사랑, 인자함, 따뜻함, 포근함, 친근함, 사랑스러움, 귀여움 地水火風 4대 無我 탐진치 삼독심 무명분별심 5용락이 멸한다.

마음의 종류8가지

제1식) 눈으로 보는(분별식) 心

제2식) 귀로 듣는(분별식) 心

제3식) 코로 냄새 맡는(분별식) 心

제4식) 혀로 맛을 아는(분별식) 마음

제5식) 촉감으로 분별하는(분별식) 마음

제6식) 법(法)의식 하는 (분별식) 마음

제7식) 자신을 보호하는(사랑하는) 마음

제8식) 기록하는 저장하는 마음

제1식 눈으로 보는 마음 (접촉대상을 분별한다)

모양으로 분별한다.

색을 분별한다.

크고 작음을 분별한다.

좋고 나쁨을 분별한다.

접촉에서 일어나는 정보를 6식 의식에 의지한다.

접촉에서 들어오는 정보를 순간 찰나에 인식하고

관찰하는 것을 깨어 있다고 말한다.

접촉에서 일어나는 정보를 있는 그대로 보는 것

제2식 귀로 듣고 분별하는 마음 심리

소리를 분별한다.

소리에 크고 작음을 분별한다.

소리에 질을 분별한다.

음악과 소음을 분별한다.

각기 동물들의 소리를 분별한다.

웃음소리와 우는소리를 분별한다.

소리를 접촉하고 정보를 6식에 의지한다.

위험한 소리와 안전한 소리를 분별한다.

들리는 소리에 이끌리지 말아야 한다. (자기중심)내정

제3식 냄새로 분별하는 마음 심리

냄새를 분별한다.
향냄새와 자연의 냄새를 분별한다.
공해와 청정한 냄새를 분별한다.
물냄새와 흙냄새를 분별한다.
꽃냄새와 바다냄새를 분별한다.
각종 생명체의 냄새를 분별한다.
썩는 냄새와 새싹냄새를 분별한다.
코로 들어오는 정보를 6식에 의지한다.

제4식 맛을 보고 분별하는 마음 심리

맵고 짠 맛을 분별한다.
시고 단 맛을 분별한다.
쓰고 딱딱한 맛과 부드러운 맛을 분별한다.
먹을 것과 먹지 못할 것을 분별한다.
썩은 것과 싱싱한 것을 분별한다.
오묘한 맛과 어울리는 맛을 분별한다.
싫은 맛과 좋은 맛을 분별한다.
맛을 보고 정보를 6의식에 의지한다.

제5식 감촉으로 분별하는 마음심리

접촉해서 일어나는 느낌 마음심리
딱딱한 것과 부드러운 것을 분별한다.
딱딱함 속에 부드러움과 강함을 분별한다.
부드러움 속에 부드러움과 연함을 분별한다.
강함과 약함을 분별한다.

강함 속에 강함과 약함을 분별한다.

약함 속에 약함과 연약함을 분별한다.

위험한 것과 안전함을 분별한다.

접촉해서 들어오는 정보를 6식에 의지한다.

(그 밖에 많은 것을 분별함)

전 5식 정리

가장 오류를 많이 만들어 내는 곳이기도 합니다.

"보고 듣고 냄새 맡고, 맛보고, 느껴보고 이것은 무엇이다." 라고 판단을 하고 그것이 진짜인 줄 알면 그것으로 인한 오류가 우리 삶에서 중생심이라고 합니다.(중생심: 어리석음을 일컫는 말) 분명히 보고 듣고 냄새와 맛을 보고 확인했는데 왜 오류라고 하는지 궁금하신 분은 없을 것이라 생각합니다.

그 기반은 '무아(無我)'를 두고 있습니다. 내 몸도 내 것이 아닌데 무엇을 내 것이라고 할 것인가에 대한 물음이다. 우리가 진짜로 알고 사는 것이 이 무아 때문에 전도 몽상이 되는 겁니다.

제6식 의식하는 마음심리

신체를 조정하는 마음심리

생명을 유지하는 마음심리

신체가 반응하는 마음심리

제5식으로 들어오는 정보로 이것은 무엇이다.

(결정 짓는 5가지 마음 심리)

신체의 무의식 속에 행동하는 마음심리

자동화 된 행동 통제 제어하는 마음심리

호흡기능과 소화기능 생명을 유지하기 위한 마음심리

살아있는 생명의 반응과 기능들을 관리하는 마음심리

제7식 자신을 보호하는 본능을 수행하는 마음 심리

갑자기 무엇인가 나타나면 순간적으로 피하는 보호 본능의 마음심리
누군가가 자신을 해하려 할 때 도망가거나 방어 보호 본능의 마음심리
위험한 곳을 피하고 안전한 곳을 택하는 보호 본능의 마음심리
생명에 위협을 받았을 때 공격하는 보호 본능의 마음심리
자신이 먼저라는 생각에 욕심 부리는 마음심리
잠을 잘 때도 편안한 잠을 자기 위해 관리하는 마음심리
남보다 잘살고 앞서려는 마음 늘 24시간 자신을 챙기는 마음심리
기타 자기 이익을 위해 못할 것이 없다는 마음심리
자신의 이익을 위해 남에게 피해를 주는 욕심 마음심리 (경계한다)

제8식 기록하는 마음 심리

분별하지 않는 마음심리
중도인 마음심리
모든 걸 다 받아주는 마음심리
아무 반응없이 받아주는 마음심리
몸 곳곳에 저장하는 마음심리
아는 건 필요할 때 즉시 내주는 마음심리
모르면 모른다고 솔직한 마음
심리: 따뜻하거나 차갑거나 분별하지 않고 수용하는 마음심리

*연민과 자비

돕고자 하는 마음심리
보살피고자 하는 마음심리
불편한 것을 해결해 주고자 하는 마음심리
사랑스런 마음심리

언제 어디서나 무엇이든 불편하지 않도록 돕고자 하는 마음 심리작용
기타 삶에 필요한 자비와 사랑
행복의 마음을 키우고 중생심을 약화시킨다.
행복은 강해진다.

*평등사상

내가 말한 것은 절대로 바르고 누구에게나 평등한 것이다.
이 세상 모든 생명에게 똑같이 적용된다.
아시아에 사는 사람이나 아프리카에 사는 사람이나 유럽에 사는 사람
이나 누구나 사람이나 짐승이나 벌레나 이 세상 모든 생명체들은 평등하
다. 단지 다르게 태어나고 살아가는 방법이 다를 뿐이다.

*무아 無我(내가 없다)

무아 · 무소유 내 것이라 할 것이 없다.
지수화풍 4대 원소로 임시 가화합 된 것이 이 몸이고 지수화풍 4대중
우리가 생산해 낸 것은 없다. 그렇다면 우리 몸은 지수화풍 4대가 주인인
것이다. 내 몸이다 내 것이다 우기고 사는 것을 원리전도몽상이라 했다.
몸이 내 것이라고 할 것이 없음을 알 때 모든 번뇌와 망상이 떨어지고 삼
독심이 멸하며 무명이 걷힌다. 이것이 수련자에 기본인 것이다.

*4대 원소 지수화풍(地水火風)

1. 땅의 기운 원소

地 땅에 기운 흙 나무 모든 생명체들은 땅에 의지해서 살아간다.
새가 아무리 높이 올라가도 먹을 것은 땅에서 구해야 한다.

비행기가 아무리 높고 멀리 날아가도 결국엔 땅에 내려 앉는다.
땅은 모든 생명체의 본질이며 고향이고 사는 곳이다.
땅은 누가 와서 포크레인으로 뒤집어 판다고 기분나빠하지 않는다.
아무 조건없이 있는대로 허용하는 것이다.
너무 많은 생명체들이 와서 산다고 싫어하지 않는다.
땅은 아무 말없이 아무 조건없이 모든 생명체들에게 보살핌을 준다.
모든 생명체의 어머니이며 만물을 길러내는 원천이다.
땅의 기운은 모든 생명체에 절대로 바르고 누구한테나 평등하다.

2. 물의 기운 원소

수의 기운 또한 땅과 같이 절대로 바르고 누구한테나 평등한 기회를
준다. 단, 땅에 의지해야 한다.
모든 생명체에게 정화 능력과 연장기회를 제공한다.
빨리 가거나 느리게 하는 용도로도 쓰인다.
수는 화의 기운(여름)을 약하게 한다.
수의 기운은 부드럽다.

3. 불의 기원 원소

불의 기운은 모든 생명의 필수조건이며 누구한테나 분별없이 제공한다.
절대로 바르고 누구나 평등하다.
불의 기운은 동물, 생물이 세상 모든 생명 있는 것의 기본이다.
분해과정과 새 생명의 기본이며 태어남과 죽음이며 처음과 끝이다.

4. 바람의 기운 원소

바람의 기운도 역시 우리 생명체에게는 절대적이다.
바람은 정화능력과 이동능력을 가진다.
모든 생명체의 시작과 끝을 관장한다.

무아(無我) 정리

내 몸이 내 것이라고 우기며 살았는데 지수화풍 4대로 보니
내 것이라고 할 만 한 실체가 없다. (아)
이해가 되면 잘하고 있는 것이다. (오)
확실히 이해되면 열반이고 성불이고 깨달음이고 보살이다. (마)

*무아(無我)와 심리작용

무아를 확실히 이해하면
1. 나에 대한 집착이 떨어진다.
2. 내 것이다 네 것이다 다툼이 없어진다.
3. 탐 진 치 (삼독심)가 지혜로 바뀐다.
4. 번내 망상이 멸한다.
5. 무명이 걷힌다.
6. 늘 행복해진다.
7. 늘 여여해진다.

*여기까지가 수련자의 덕목으로 봄
수련 중 몸의 고통에서 벗어남
수련 중에 조급한 마음에서 벗어남
유식 8식은 선(禪)수행에 전 단계로 본격적인 수련에 앞서 갖추어야
할 덕목이다. 체계적인 순서를 접하지 못하고 여기저기서 한 토막씩 들어
서 수행하는 비전문가가 거쳐야 할 필수과목이다.
여기서부터는 구체적인 수련방법과 마음심리 상담치유를 다룬다.
예) 몸에 집착이 붙은 사람은 부정관을 가르쳐라(중독치료 가능함)

*심리 치유

정확한 진단은 치유에 도달하는 디딤돌이다.

1.중독은 집착에서 온 것이다

중독된 물건을 부정하게 만드는 교육(인성 치유)
중독된 물건을 생각에서 지워 나가는 것.
습관을 바꿔나가는 것 (다른 건전한 습관으로 변경)
기록하고 참아내는 과정(차차 늘리는 참을성)인내심
기타 신체를 통한 치유

2.갈등은 무명(어리석음)에서 온다

너 때문이라는 생각을 버리는 것.
바라는 마음 욕심에서 벗어나야 한다.
상대를 바꾸겠다는 생각을 버려라
내가 바뀌는 것이 쉽고 빠르다.
행복은 감사하는 마음속에 들어있다.
원망하는 마음속에 다툼이 들어있다.

3.불안은 의심에서 온 것이다

선입견과 관념은 미리 정해놓은 자신의 틀에서 온 의심이 원인이다.
의심은 좋은 인간관계를 해친다고 했다. 정신을 좀 먹는 고통이 따른다.

4.우울증은 자신감 결여에서 온 것이다

자신감은 성취감에서 온다.
사람들과 어울려라 문화생활 늘리기
좀 더 적극적인 사랑을 해라
혼자 있지마라 가장 보고싶은 친구를 찾아가라
상담을 통해 치료하라

몸 움직임이 있는 취미나 활동을 하라

산책, 걷기, 명상부터 꾸준히 시도하라

5.자살은 절망에서 온 것이다

자신이 얼마나 행복한 사람인지 인식하라

거리에 나가보면 바로 알 수 있다

나보다 몸이 불편한 사람들은 버스타기가 불편한 사람

지하철을 못 내려가서 불편한 사람들

시장에 가보면 몸이 불편한 사람이 물건을 파는 것을 흔히 볼 수 있다

휠체어에 탄 장애인을 보라 난 행복한 것이 바로 보인다

그러면서도 그들은 즐겁게 굴하지 않고 잘 살아간다.

자신에 몸을 보라 이 세상을 살아가는데 누가 유리한지

6. 부부 다툼은 무아의 오류에서 온 것이다

바라는 마음에 서운한 감정이 앞서서 생긴다.

바라는 마음은 채울 수 없는 것이다(늘 그늘이 생긴다)

바라는 마음을 주는 마음으로 바꾸면 바로 해결된다.

7. 느낌

상대에 표정만 보아도 내가 먹어보지 않아도 신맛이라는 걸 안다.

순간에 알아지는(느낌, 감, 경험, 추억) 우리 몸은 기억한다.

예) 멀리서 사람들이 서로 엉켜있어 소리는 들리지 않지만 싸운다는 것을 알 수 있듯이

예) 옆집사람이 보이지는 않지만 시끄러운 소리를 들어보고 알 수 있듯이 냄새가 매캐한 것은 주방에서 음식이 타는 것을 알아차린다.

말없이 상대 마음을 알고 상대의 상태를 알 수 있는 것

주는 거 없이 미운 것, 내 것 줘가며 좋은 것 등등

*심리 치유 정리

전5식에서 분별심을 배우고

너의 생각으로 분별하지 말고 나의 말을 그대로를 이해하고 들어 달라

외곡 7식에서 욕심을 배우고 (자신의 이익을 위해 나쁜 짓 하는 것)

8식에서 수용을 배웁니다. (분별없이 다 받아주는 것)

지수화풍 4대에서 바르고 평등함을 배우고

무아에서 나 자신이라고 할 만한 것이 없고 놓는 걸 배우고

집착과 다툼, 어리석음, 번뇌, 망상은 무명을 여의고 고정된 실체가 없다는 것을 배우고 늘 행복함과 여여함을 얻는다.

위와 같은 심리상태의 수련자는 심리상담가와 인성 지도자가 될 수 있다.

서두에서 밝힌 것처럼 인성이 결여된 지식은 써먹지 못 한다.

인성을 갖춘 사람이 되어야 한다.

바르고 평등하며 분별심 없이 대하고 자신의 틀에 맞추지 말라

늘 열려있으며 지혜로워야 한다.

상담기법과 치료 기술은 서양의 것을 참고 해도 좋다.

알긴 아는데 잘 안될 때 수련의 연습이 필요하다.

이것이 명상이다

과학적인 논리와 진실함

싯다마야. 들어달라.

싯다마야. 내가 말하는 그대로를 이해해 달라.

분별하지 말고 정확하게 이해해 달라.

그리고 동의하지 마라 믿지마라.

과거의 권위에 의해 정통에 의해서 누가 거룩한 사람이 한 말이라고 믿거나 동의하지 마라. (맹신하지 마라)

바바나마야. 내가 한말을 네가 실험해 봐라 실험해서 내가 한 말을 확인해라. (실험법제시)

그리고 실험해서 나온 결과만 확신해라.

그 이상도 이하도 믿지마라.

실험에서 나온 결과도 믿고 않믿고는 자신 마음이다.

그래 우선 들어라. 그리고 내 말대로 해봐라.

이것이 부처님께서 동네마다 다니면서 직접 전하며 하신 말씀입니다.

이런경우 바른말이 바로 불교인 것입니다. (과학적인 논리)

그래서 '불교를 과학이다.' 라고 합니다.

2500년 전 고다마의 말씀이 지금 나의 가슴에 전율이 전해옵니다.

이 과학적인 분을 만난 지금 난 행복합니다.

삼마바차. 그리고 바르게 말하라. 모르는 것은 모른다고 하고 청해라.
(알지 못한 말을 쓰지마라)

모르면서 아는 척하고 고개를 끄떡이는 건 진실하지 못하다.

모르는 것을 모른다고 할 때 진실해진다. (진실해라)

합장

합장은 멋진 고다마의 말씀을 들은 사람들이 실험해 보고 확신 할 때 고다마에게 고맙다고 하던 인사였다

실험해보지 않고하는 합장은 비는 것이다.

진실하지 못하다고 지적했다. (진실해라)

경전은 깨어난 사람들이 언어로 써본 것이 대부분이다. (깨우친 사람들)

우리나라 불교는 원전에서 바로 번역을 해야 할 것이다.

지금 우리가 쓰고 있는 불경은 한문에서 번역함으로써 심각한 오류를 가지고 있다.

제3품
전의식 개발

1. 몸과 마음

몸과 마음은 하나로 서로 통할 수 있다.

질병을 치료하는 것은 생명력의 힘을 강화하는 것이며 의염은 참마음의 힘이다. 전의식의 치료 능력만이 자신의 생체와 정신장애를 없앨 수 있다. 수련은 심리적 생리현상의 장애를 없애 균형을 잡는 것이며, 몸과 마음은 하나로 긴밀한 관계에 있는 동반자이다.

병은 마음에서 생긴다.

이것은 불변의 진리이며 심리적인 갈등과 장애가 심하면 고민 과정에서 질병이 생산된다. 현대의학은 물리적으로 세균을 소멸하려 하지만 마음에서 오는 심리요소와 관계되는 질병은 효과를 보지 못하고 있다. 그러므로 마음이 안정되고 낙관적이면 따라서 병도 물러난다.

마음과 형체가 바르면 그림자도 바르다.

인간의 좋은 마음의 감정은 육체에 활력을 주며 마음의 상처는 몸에 해를 끼친다. 전의식 치료방법은 유일한 치료 방법이며 이런 심리 방법만이 전의식이 발휘되어 약물 치료보다 더 큰 효과를 거둘 수 있다.

전의식은 환자가 혼미한 상태에서 일어나지 못할 때 환자에게 희망적인 말과 암시로 "너의 전의식이 체내에서 치료를 하고 있으니 자신의 전의식에 협조해라"하고 반복적으로 말을 하면 큰 성과를 볼 수 있다.

전의식의 마음은 환자의 의식회복을 도와주며 병마와 싸울 수 있는 면역력이 증가되어 몸의 균형이 잡혀 완쾌할 수 있다.

인체는 독립된 소우주와 대자연이 상통되면 균형 잡힌 좋은 몸을 보존하고 평형을 이루며 건강한 몸을 유지할 수 있는 자연치유력이 강해진다. (부처님께서 우리 몸은 완구(完救)되어 있다고 하셨다.)

마음의 힘을 믿는 사람만이 혼미한 상태에서도 전의식의 암시소리를 들을 수 있으며 전의식은 병을 스스로 치료한다.

몸과 자연의 조화가 일어나면 몸의 병은 회복 될 수 있다.

전의식은 믿음에 대한 신념이 있어야 자연치유력을 인도하여 스스로 치료할 수 있는 힘을 발휘할 수 있다. 그러나 작은 상처는 치료하지 않아도 자연치유되는 것을 보았을 것이다. (우리인체는 스스로 치료능력을 갖추고 있다.) 인간은 태어날 때부터 자연치유력을 가지고 태어났으나 의학과 병원을 믿게되어 자신의 자연치유능력을 상실하고 말았다.

그러므로 갈수록 많은 환자가 나오고 치료시설이 좋은병원이 있다고 하지만 그만큼 병마는 갈수록 더 큰 힘을 가지며 완치될 수 없는 큰 힘으로 변하여 인간의 생명을 위협하고 있다.

이런 일은 인간이 진화하면서 게으르고 편함을 추구하면서 자가 치료능력을 잃어버렸기 때문이다. 의사와 수행자가 환자옆에서 "너의 병은 영원히 나을 수 없다." 라고 말을 했을 때 환자는 병이 악화되어 빨리 죽을 수 있다. 그러나 자아 암시로 수술하거나 치료되는 모습, 약을 먹는 모습을 생각하면 병이 빨리 회복된다.

병은 육체에 있지만 치료는 마음이 가장 중요한 역할을 한다.

양호한 정신 상태를 유지할 때 건강은 빨리 회복된다.

현대의학의 약물치료도 중요하지만 정신적으로도 약을 다먹고 회복된 것을 상상하면 몸이 빨리 회복된다. 생각은 현실의 특효약과(밀방) 약으로 활용될 수 있다.

몸을 느슨히 하면 마음도 편안해진다.

자아반성은 마음의 평화를 가져다 준다.

환자가 전의식의 힘을 믿으면 웅대한 힘이 생산되며 전의식은 만능기계가 매일 일을 착수하여 대자연 속에서 공존공영의 목표에 도달 할 수 있다. 따라서 대자연은 우리에게 건강하도록 파장 신호를 항상 제공해 준다.

전의식을 발휘하면 무슨 병이나 효과를 볼 것이다.

한사람의 육체는 현실세계 중 자기생각을 가강(加强)하는 힘이 있어 전의식을 발휘하면 마음의 의식에 따라 병이 오고 병이 호전된다.

마음에서 전의식이 병을 만들었기에 희망적인 생각에서 묘(嫄)가 자라나서 치료 효과를 얻게 된다. 우리들의 인체는 모두 눈으로 볼 수 없는 아주 작은 수정란으로부터 시작하여 현재의 자신으로 성장했다. 전의식의 능력과 육체는 공존하므로 유전 인자가 재생되는 기능을 갖고 있다.(아뢰야식의 전생에 기록들)

환자는 먼저 자신의 육체를 느슨히 하면 의식의 정지 상태에서 전의식은 표면에서 서서히 떠올라 자기 기능을 발휘 할 수 있다.

이러한 전의식의 힘을 믿게 되면 정신력으로 치료할 수 있다.

(치료에 목표를 세우면 마음의 목표에 따라 병은 치료된다.)

우리 육체기관은 모두 자기 전의식 중에 만능지성소에서 제조하여 나온 것이 유체이다. 마치 기계를 제조한 사람이 기계의 장애를 수리 할 수 있는 것처럼 전의식 지능을 지혜로 자기가 제조한 기관, 조직, 근육, 골격 등을 변화시키며 수리 할 수 있다.

2. 전의식 치유

우리의 인체는 전의식을 매일 3번씩 기원하고 3개월을 노력하면 기본적인 치료는 된다. 우리는 자기의 몸 제조창 지성소의 위대한 힘을 믿고 행동하고 감사해야 한다. 정상적으로 대뇌 속에 몸의 건강한 상태를 심어서 키우고 성장시켜야 한다. 우리 육체기관은 자율신경에 의해 잠재의식이 움직여준다.

전의식은 의염 속에서 자신의 몸을 치료하고 제조할 수 있다.

먼저 다리를 느슨히 하고 복부근육, 신장, 폐에 긴장을 풀고 전신을 느슨히 하며 병마가 깃든 기관을 수술하거나 새것으로 바꾸고 건강한 모습을 의염하면 전의식은 그 의도에 따라 작업하여 건강해진다. 우리체내의 전의식은 신과 마음이 화합되며 의염에 따라 자신의 육체를 다시 제조해 준다. 전의식 감응으로 먼 거리에서도 치료 할 수 있다.(원계치료)

전의식은 치료 능력이 있으며 거리가 멀고 가까운 것에 구애받지 않으며 원격조종(搖控) 치료로 대상의 신체기관을 생각할 때 그곳의 파장이 전달되어 치료할 수도 있다.

자아의식 활동에 따라 만능기계의 인도 하에 어느 곳에서든 생각할 때 사랑의 파장이 그 생명과 결합되어 조절할 수 있고 건강과 안정을 위하여 전의식을 명령하면 전의식은 곧바로 실천한다.

세포는 3주면 재생된다.

3주면 모두 건강한 세포로 바꿀 수 있다.

매일 자기 스스로 자신의 건강과 행복을 위해 기원하라.

매일 사랑과 건강을 자기 마음의식으로 기원한다.

그 의도에 따라 만능의식이 신체를 개조해 준다.

3. 유전과 전의식

부모나 가족이 긴 병마에 시달린 경우이거나 너무 근심하면 똑같은 질병에 걸릴 수 있다. 주위에서 악병에 걸린 병을 한번만 깊이 생각하고 느껴도 그 병에 걸릴 수 있다.

예) 어떤 모습(사고나 추억)을 보았는데 그 모습이 수시로 떠오르는 것을 우리는 경험한 적이 있을 것이다. 잠재의식과 전의식에서는 항상 잠재하고 있기 때문이다. 가족이 사망하게 된 현상과 질병을 계속 머릿속에서 생각하고 근심하면 똑같은 질병에 걸려 죽게된다. 이런 현상을 현대의학에서는 유전이라 한다.

가족의 병 상태가 어떠한 방법이든 자식이나 다른 가족의 몸에도 같은 결과가 나온다는 점이다.

전의식은 자연 치유력이 있으며 전의식은 위대한 능력이 있다.

만물은 자연치유 능력을 가지고 있으며 우주의 힘으로 자연 회복되며 병든 부위를 치유해주며 생명력을 복원하여 준다.

육체를 공제하고 개조 치유한다.

4. 질병시기 3계단

(1) 자신의 병 상태가 악화된다는 생각을 없애라.

(2) 누구의 책임이냐는 의식을 버리고 현재의 병 상태에 따라 자신의 생명에 힘을 믿고 전의식을 충분히 발휘하라.

(3) 자신의 치유력을 확실히 신뢰하라.

① 환자의 나쁜(비관, 포기)생각은 머릿속에 묘가 자라서 병이 악화 될 수 있다. 치료가 된다는 믿음을 가져야 하며 삶에 대한 희망에 의지하라.

② 자신의 운이나 남을 탓하는 생각은 치료하는데 도움이 안 된다. 병을 극복 할 수 있다는 자신감과 적극적인 치료를 하면 마음은 빨리 회복되는 것을 상상하라. (마음의 치료는 약물보다 우선 한다.)

③ 개개인은 자연계의 일원이고 우주 자연계는 자연치유력이 있다는 것을 믿고 자신이 존재하고 있는 자연 속에 치유력을 믿어야 한다.

5. 무병과 건강

내심 마음의 세계가 건강하지 않으면 진정한 건강이 아니다.

현재는 질병이 없지만 후에 병에 걸릴 가능성이 높기 때문이다. 많은 사람들은 육체적 병은 없지만 정신상태가 고르지 못하면 병에 걸릴 수 있다. 정신과 신체는 일심동체이고 밀접한 협력을 유지하고 있다.

인생에 쾌감이 없는 사람들도 질병으로 볼 수 있다.

행복한 사람은 몸과 마음도 충실해진다.

낙관적이고 매일 행복하게 보내면 병에 걸리지 않는다.

6. 암시와 병

잠자기 전 암시 : 희망을 가지고 축복에 고무되면 병은 빨리 회복된다.

암시로 명령하라 : 병이 회복되었다.

세포가 재생되어 건강해진다고 생각하라.

암시로 전의식에 전하면 우리 몸은 강력한 반응이 생긴다.

자기가 병에 걸렸다 생각하고 암시하면 차츰 병에 걸린 것처럼 몸이 무기력해진다.

전의식은 자신의 목표를 도와 현실로 이루어준다.

전의식은 흑백을 분별하지 않고 접수하여 실천해야 한다. 실천할 때에는 간절한 마음으로 전달하여야 하며 진실 되지 않은 마음으로 하는 것은 절대 금한다.

7. 잠재의 장애

"나는 할 수 없다." 라는 부정적인 생각을 하면 생각대로 주어진다. 그러므로 전의식은 적극성과 건설적인 생각은 말을 하게 되고 그 뜻은 전의식이 접수하고 수련되어 시간의 흐름과 더불어 자신의 변화를 발견하게 되며 이전과의 차이점을 알게 된다. 그러면 더 한층 믿고 변화된 행복한 사람으로 성장하게 된다.

행운은 앞에 있고 자기 생각으로 전의식을 접근시켜 진정 양호한 사람으로 행복과 건강을 마음속으로 희망하면 원만한 실현이 약속 될 것이다.

전의식은 큰 배이며 의식은 선장이고 배는 선장의 명령에 따라 지시대로 운행된다.

전의식의 영향 범위는 전 우주와 대통한다.

이런 배를 이용하면 누구나 전의식의 힘을 경험할 수 있다.

매 시각 선장의 지휘하에 모든 기관이 동작하여 잘 운행하면 모든 일을 장악하게 된다. 선장은 이 배에 心(심)이 있으면 목적지를 향해 갈 수 있다. 전의식을 발휘하면 기적이 출현된다. 기적을 이루려면 선장은 생활방식을 개선하고 자신을 안위하고 전의식의 지시에 의해 진행해야 한다. 배가 항해하면 등대는 배의 방향을 잘 잡을 수 있게 비추어 주고 비추는 방향에 따라 배는 파도를 헤치며 나아갈 수 있다.

몸이 느슨해지면 전의식은 생각에 따라 파종한다.

전의식이 파종하는 시기는 의식이 휴식하는 상태에서 근육이 느슨해지는 시기다.

8. 땅에 전의식-파종

밭에 씨를 파종 하려면 기후에 맞추어 봄에 파종하여야 한다.

공능태(자가자리)에서 자기의 희망을 의식 속에 심고 날마다 생각하면 희망하는 생각에 따라 자라난다.

매일 의식에 희망적인 생각을 몇 분간 그리면 그 싹은 자란다.

잠자기 전 이상적인 장면을 상상하면 전의식은 활동하여 일을 완수할 것이며 자신의 목적에 따라 전의식 만능기계는 우주에서 활동하면서 소망을 실현해줄 것이다. 좋은 암시 건설적인 암시를 해야 한다. 어린아이가 잘 때 어떤 암시를 하느냐에 따라 싹이 다르게 나타난다. 좋은 암시로 되새기면 신체는 빨리 회복되어 건강하고 장수 할 수 있다.

전의식은 우리에게 행복을 가져다준다.

남의 결점만 찾지 말라. 결점만 찾으면 사람의 참모습을 볼 수 없게 되므로 판단에 착오가 생기게 된다. 전의식은 판단력이 없고 자신의 의식과 희망에 따라 일을 한다. 그러므로 다른 사람의 눈에 거슬리지 않게 생각하고 행동하라. 모든 일에서 공명정대하게 일을 처리해야 한다.

소극적인 사람은 행운을 멀리 할 수 있어 공적인 생각으로 많은 사람에게 협조해야 한다.

사람의 행복은 덕을 베풀면서 생긴다.

노력하고 모자라는 것은 계속 묘를 심어 가장 행복한 현상을 생각하면 만능 전의식은 이상을 현실로 만들어 줄 것이다. 생각에서 "어느 세계로 진출할 것인가?" 하는 것은 자신에게 달렸다.

9. 자신의 생각은 자신이 걷고 있다

① 처음 자신의 신체를 조절하고 음·양을 평형시키면서 몸의 감각을 찾는다.

② 이론적인 학습을 하면서 유체와 영체를 수련하고 마음을 넓게 한다.

③ 영체를 수련하면서 공덕에 따라 공력이 오르며 수련은 자기가 하고 차원은 우주에서 올려준다.

④ 우주에서 육체를 복제하고 유체와 영체를 합일시킨다.

⑤ 우주의 빛으로 수련하고 우주의 빛만 들어오면 빛으로 인간을 다스린다.

⑥ 선종 종자를 잘 선택하고 키워라.

⑦ 계절을 맞추고 제때에 알뜰히 가꾸고 꾸준히 노력하라.

⑧ 욕망은 타오르는 불길과 같다.

욕망을 못 없애면 이 세상에서 빠져나가지 못하며 불길 속에 벗어 던져 생로병사 경계에서 벗어나지 못한다. 욕망에서 벗어나지 못하면 감옥에 갇혀 있는 것과 같다. 자신은 행복한 생활을 할 자주권이 있고 자신이 선택한 것이다. 자신이 행복한 생활을 선택하는 것이 자유이며 행복한 생활은 자신의 습관에 따라 결정된다. 매일 행복을 선택하라. 모든 사람과 축복된 애심으로 선의의 행동으로 평화를 선택하라.

꼭 자신의 생명과 애심으로 출발하여 생각하며 행복은 현실에 따라 선택 하라. 모든 것은 자신의 생각방식에 따라 전개된다.

우주 규율 따라 생각으로 맞추어야 생기(氣)와 에너지가 원활해진다.

머리를 숙이고 지혜를 발휘하면 꼭 당당한 날이 있을 것이다.

자신이 불량한 것을 흡수하여 들이면 그것에 따라 불행은 초래된다.

그러나 자신의 체험에서 희망찬 앞날을 그리며 좋은 습관을 양성하고 행복을 선택하면 그에 따라 행복해 질 것이다.

한 사람의 일생은 생각 방식에 따라 조성된 결과이다.

매일 세 차례 상념으로 충만된 평화와 협조 진정한 사랑으로 상상하면 진행이 순조롭게 이루어진다. 자신의 마음에서 사고하고 행동한 창조력의 모체가 현실의 표현이다.

남을 돕는 것은 자신의 행복을 찾는 길이다.

남의 마음에 상처를 입히면 자신에게도 상처가 온다.

만약 내가 남을 괴롭히는 것을 즐겨한다면 에너지 파장은 노할 것이며 이럴 때 생기가 남에게 가서 나쁜 생각따라 몸에 해를 끼칠 것이다.

남의 욕이 나의 체내에 들어와서 몸을 파괴하며 반대로 선한 마음으로 남을 생각할 때 나의 체내의 상처는 치료가 된다.

대자연 생명의 의지와 남의 좋은 파장이 합일되면 더 큰 힘을 일으켜 좋은 결과가 나타날 것이고 의지와 대자연의 생명은 상통될 것이다.

자신의 마음속 상처와 진통은 대자연 규율과 대자연 생명의 도를 위반한 결과이다. 자신의 생각과 방법에 각종 반응과 감정을 자세히 맞추어 보고 건강한 의지로 상처를 생각하지 않으면 마음은 영원히 상처가 생기지 않는다. 남을 축복하는 것은 자신의 축복이며 남을 미워하는 것은 자신을 미워하는 것과 같다.

이것은 전의식의 진리다. 앞을 보는 마음으로 상대방을 대하며 그의 마음속에 그 파장이 그려져 행복하게 될 것이며 그 자신도 나를 축복하고 머릿속에 그를 사랑할 것이다.

10. 전의식 수련법

물을 무서워할 때 매일 자기가 헤엄치는 장면을 상상하게 되면 두려움을 잊을 수 있다.

백일몽은 현실로 나타난다. 손동작으로 해도 된다.

동산에 있는 나무다리를 건너는 것을 상상하라.

나의 신체구조는 본래 자신의 전의식을 돕는다.

유체는 주도성과 지성이 없으며 신념과 의지로 전의식을 발휘하면 만능지성 능력을 발휘한다. 자신 心(심)을 가지고 위기에 처했을 때 전의식에게 협조를 받는다고 생각하고 실천하라.

전의식은 생각과 실천을 돕는다.

생각의식은 금광의 열쇠이다.

노년은 마음의 생명력이 제일 강한 시기이며 많은 과학자가 60세 이후에 나타났다. 대해에 있는 파도가 없어지고 수면위에 나타나서 우주는 시작되어 현재까지 왔고 소실되면 다시 탄생되고 없어지면 또다시 생긴다.

대해는 노화되지 않는다.

전의식도 노화되지 않으며 내가 돌볼 때 자신의 마음이 일치되면 의식에서 전의식은 활동한다.

전의식은 마음 따라 서서히 수면에서 떠올라 의식활동을 한다.

만약 매일 자기소원을 전의식과 말하면 꼭 성취될 것이며 자녀를 교육시킬 때에도 밤에 교육을 하면 더 큰 효과를 볼 것이다.

생각으로 병을 치료하는 과정이 곧 영체와 유체를 결합시키는 과정이다. 생각은 마음과 전의식이 일치되는 과정이고 이런 과정이 필요하며 이 과정에서 전의식의 힘은 우주의 힘을 받게된다. 진정으로 깨닫는 시기가 마음과 전의식이 일치된 시기이며 마음으로 목표를 통일시킨 과정에 능력과 차원이 상승한다.

인류는 인체의 기능을 정리하지 못하고 있다.

인류는 마음이 제일 편안하고 낙관적일 때 대뇌신경의 20%를 사용하고 있다고 한다. 인체의 기능은 얼마나 많은 기능이 있는가? 우리가 연구하면서 개발해야 한다. 대뇌가 긴장을 풀고 느슨한 상태에서 투시 사유 건강 의념으로 동식물에 파장을 전달 할 수도 있다.

전의식은 수련과 개발에 의해 그 능력은 무한하다.

소위 우리가 말하는 초능력이 전의식에서 가능하다.

11. 전의식 개발

좋은 말을 암시하면서 우주의 약으로 치료하는 방법을 믿어야 효과를 볼 수 있다. 심리부담을 적게하고 유쾌하게 마음을 평정 시켜라.

정성으로 영혼을 위로하고 자신을 믿고 영성수술을 하고 미래의 행복감과 즐거움을 생각하라.

평소 생활 속에 웃음 짓는 습관을 양성하라.

참성품과 하나 되어 내 마음이 마음속에 들어가서 마음이 하나 되어야만 마음을 전달 받을 수 있다. 믿는 마음에서 통영 된다.

머리신, 뇌신, 눈신, 코신, 귀신, 치아신, 혀신, 심신, 폐신, 신신, 비신, 담신, 간신의 균형을 이루고 인간의 본성과 자기를 고급 氣(에너지)량으로 몸을 주물 시켜라. 괄약근 수축운동은 치질 신장 내분비 기능이 균형을 이루면 면역이 생겨 건강을 유지 할 수 있다.

전의식은 질병에 걸린 사람을 치료할 수 있는 힘이 있다.

환자가 현재의식을 버리고 우주 지성소에 가서 영적 수술을 하면 육체가 변하고 새로운 탄생에서 건강을 회복할 수 있다. 우리 눈으로 볼 수 없는 우주생명체와 내 마음과 몸이 우주규율에 맞추어 합일되고 몸과 마음의 긴장이 풀리면 자신의 공능이 출현되어 그 생각대로 이루어진다. 이것이 사람의 잠재능력이고 인간의 본성이다.

두뇌에서는 매일 생각의 묘가 자라며 마음에서는 싹이 트고 자라서 건강한 몸을 형성시켜준다. 선인과를 심고 가꾸어 좋은 결과를 걷어 들일 수 있는 것이다.

암시는 신비로운 말로 몸이 장수하게 도와준다. 암시를 하면 신체가 변화되고 몸이 편안해지며 엔돌핀이 생산되고 엔돌핀이 생산되면 재생하여 원상태로 회복되는 것을 말한다. 암시는 몸이 건강하도록 모든 물질을 제공해주고 자신의 의식 활동에서 자신의 인생을 변화시키고 마음이 평화로울 때 성격과 운명은 개조된다.

정신적인 영양소인 우주의 에너지와 자신의 잠재기능과 대자연과 일치되게 해야한다. 마음이 안정되지 않은 상태에서는 잠재기능이 발휘되지 않는다.

좋은 암시는 병이 바로 회복되고 병이 나을 수 있다고 생각하면 건강에 도움이 되는 물질이 생산되며 약이 되어 치료되고 안정이 된다.

암시로 인간의 기능을 발휘하도록 하라.

암시로 병을 눌러 놓으면 잠재능력은 잠자는 상태에서 발휘된다. 자신이 죽는다고 생각하면 몸에 해를 주는 물질이 체내에 생산되어 건강한 세포를 압도한다.

암시는 다양한 빛으로 나타날 수도 있고 암흑 속으로 들어갈 수도 있다.

두 가지 암시 중 한 가지가 강하면 그대로 변하게 되고 오르게 된다.

암시, 축복, 고무, 희망찬 앞날을 비추어 빨리 회복되라

우주의 규율대로 순응하면 좋은 효과를 볼 수 있다.

인간은 두 가지 감각이 있다. 육신의 감각과 정신의 감각이다. 좋은 감각을 많이 찾아 회복되어 정신이 안정되면 몸도 따라 좋아지고 안락을 느낀다.

제4품
전의식의
암시

전의식 입정술 암시법은 원래는 법술이다.
후에 병 치료와 전의식 개발에 응용하고 있다.

1. 암시로 자기 스스로 공능태로 들어 갈 수 있다.

공능태로 들어가면 전의식 기능은 훈련으로 전기능 심리적인 공능출
현을 시킨다. 전의식 기능을 이용하면 인간의 병을 치료할 수 있으며, 공
능상태에서 언어, 암시, 심리적인 장애나 질병을 치료할 수 있다.

공능태는 암시가 가장 중요하다.

일종에 특수 정신상태로 들어가게 한다.

암시로 자신의 판단력과 사고력을 공제하여 입정 되라고 암시하면 바
로 잠자는 상태로 들어간다.

공능 상태에서 암시로 다른 사람의 주관의지를 공제하여 심리적인 변
화를 일으키며 특수 공능 상태에서 초감각적인 인격변화, 투시, 우주여
행, 공능 상태로 움직이는 등의 신체 현상이 출현되고 자아 공제력을 상

실한다. 암시 언어 주문으로 에너지가 약이 되고 참마음에서 기(氣)의 다량의 에너지가 나오게 되며 행복의 씨앗은 만능기계가 되어 병을 치료한다.

공능 상태에서 마음의 영체는 부체활동을 하는 상태로 머문다.

마음의 기량(氣에너지)으로 기내(內)를 치료하고 침, 석으로 기외(外)를 치료한다. 실험결과 과학적으로 통속의 금속을 암시로 화학 변화를 일으키면 물체를 자화(磁化)시켜 자기를 류체(流體)시킨다.

수련에서 암시는 정신으로 유체에 반사되어 활동한다.

자신이 공능태로 들어가기 위한 방법이다. 방향이 다르고 표현이 다를 뿐이다. 공능 상태에서 자신이 천신이 되어 전생의 기억과 미래현상이 나타날 수 있다. (숙명통 전생의 일을 아는 것)

마음은 암시, 암호, 암어로 공능상태를 촉진시킨다. 정신의 감응과 심령의 현상은 인간과 인간의 심령이 서로 통한 것이다.

공능 상태에서 혈액이 공제되고 감지능력이 동시에 가감될 때 영체는 제3자 현상이 출현된다. 암시에 의하여 공능태가 나타난다.

혼신이란 ≪脫胎換骨≫ 영체에다 다른 물체로 몸을 복제 하는 것이다.

2. 공능태에서 특수방법으로 영체에다 유체를 복제한다.

공능태에서 정신 감응력이 증가된다.

암시에서 기타 사물의 감지력과 동시에 증장되며 이것은 신령의 영체 현상이다.

공능태에서 암시로(誘導)된다.

마음 수련에서 많은 내용을 장악하면 암시 규율과 암시 기술을 장악할 수 있다. 공능태에서 암시로 병을 치료하고 상업 정치 단판 교육등에 사용한다. 공능태에서 암시로 다른 사람의 심령을 공제하고 공능태에서 효과를 본다. 일상생활에서 암시로 상대방을 공제하고 심리상에서 전승할 수 있다. 환자도 혼미한 공능 상태에서 효과를 많이 본다.

3. 어린아이가 배가 아플때 위로하면서 손으로 배를 몇 번 만지면 통증이 사라진다.

수술 후 의사가 아픔이 소멸된다고 암시하면서 증류수를 한대 놓아주어도 바로 통증완화의 효과를 볼 수 있다. 암시는 거대한 진동력을 가진다. 추운 겨울에 옆의 사람이 춥다고 하면 바로 옆사람도 같이 추울 것이다.

같은 감각을 느낄 것이다.

의사와 환자가 특수한 관계가 있기에 암시로 환자를 보고 다리가 마비되지 않는가 물으면 바로 마비된 감각이 온다.

추울때 암시로 더워지는 약을 주면 바로 더워질 것이다.

심리는 인체에 강력한 제공력을 갖는다.

암시로 감각을 변화시키며 암시로 전의식을 지배하여 변화시킬 수 있다.

암시는 강대한 힘을 갖고 있다.

암시는 전의식을 명령하여 공제하여야 한다.

무념에서 파장을 받아 신호의 의도에 따라 원만히 실현된다.

4. 암시는 전의식의 광고가 되며 강한 힘으로 거기에 무슨 규율이 있는가 규율을 찾아서 장악하고 응용하여야 한다.

암시는 상대방의 정신을 통제하여 자신의 의도대로 꼭 하라는 명령이다. 암시로 자연히 감각의 접촉에서 인간의 지령, 명령의 지시대로 움직인다.

암시는 명령으로 무엇을 해야 하는가?

상대방이 자연히 나의 생각을 접수하는 것이다.

신호(信息)가 자신을 지배하여 나의 의도대로 일을 한다.

암시는 나의 의도를 집행한다.

그 내용에 따라 전의식은 지배하는 작용을 하고 있고 이것이 진정한 사상원천이다. 동시에 다른 사람의 지배하에 명령으로 강력한 심리활동을 하면 효과가 다르다. 암시는 막후 조종자를 지배하여 자기의식을 공제하며 공능 상태로 들어가면 암시로 광고하여 약, 수술 그리고 시력에는 (교정)으로 안경을 벗을 수 있다.

암시는 심리적인 질병을 원천에서 치료한다.

"두통은 즉시 치료된다." 라는 암시를 통해서 우리는 먼저 표현 되는 말로 염력의 힘을 믿게 된다.

학생들의 두통을 시험 표현하라.

이 몇 가지 예를 들어 설명하면 다른 사람이 각성한다.

암시는 거대한 영향이 있으며 자아 암시할 수 있다.

위의 신경계, 관능증 치료는 암시약을 먹어라.

연공에서 음을 연마하면 피부가 창백해지고 체온이 내려가며 혈류의 흐름이 느려진다. 양공 전신이 붉고 덥고 피부가 붉고 혈이 올라가며 평형시키라.

암시에는 음성과 양성이 있고 그에 따라 작용이 다르다. 상대방의 모든 일 자신의 일을 해결하는 것이 양성이고 상대방의 모든 활동을 제지하는 것은 음성이다.

암시는 신체, 심리, 사업, 가정, 애정, 애호 등이 있다.

인류의 원시 본능으로 가서 본능을 조절하는 것이다.

5. 공능 상태인 공능태란 대뇌 쪽에 일정한 특수 상태를 말한다.

대뇌피질이 과거 경험을(전생에서 윤회해 온 아뢰야식 유식에서 8식이라 한다.) 있게 하고 판단력이 다른 사람의 지배하에 들어가면 암시 언어로 건강, 기억력 등이 효과적으로 향상 된다.

의식은 돌연히 존재하지만 자발적인 의지로 활동한다.

암시로 항진하며 마음의 생리적인 편안함의 세계로 돌아간다.

잠자는 중에는 공능태 의식이 완전히 소실되지 않고 암시와 언어에 따라 표현된다.(마나식 유식에서 7식이라 한다. 잘때도 자신을 챙긴다.보호본능)

미미후후한 상태에서 지령에 따라 전의식의 6감, 7감, 8감으로 촉진하여 차원이 높은 정신활동이 출현된다. 대뇌는 공백이며 옆에서 나는 소리를 듣지 않고 자신이 있다는 것을 잊어버린다.

공능 상태에서 암시에 따라 시각과 감정이 생기고 대뇌는 공백에서 맑은 상태의 소리가 들리지 않고 무슨 소리인지 알지 못하며 오직 자기만 혼자 있는것 같이 느낀다. 암시로 육신을 굳게 하면 근육이 굳어져 나무처럼 단단하게 굳어진다.

① 공능 상태에서 성파기능으로 5m 내에서 듣지 못하던 소리를 5m 밖에서도 들을 수 있다.

② 공능 상태에서 카드(포카)의 그림들을 예감으로 맞출 수도 있다.

③ 공능 상태에서 명함장의 글이나 그림도 손으로 만져서 알 수 있다.

④ 후두염을 수술 암시로 치료 할 수도 있다.

⑤ 암시로 비행기 소리가 난다하면 상대방도 들을 수 있다.

⑥ 암시로 바다에 갈매기를 보라하면 볼 수 있다. 만약 이름을 쓰지 않고도 썼다고 하면 보인다.

⑦ 찬물을 가지고 이것이 술이라 하여도 눈이 붉게 보이고 취하게 된다.

⑧ 만약 엄동설한이라 두 다리가 설산 위에 서있다고 하면 추워서 얼굴색이 변하고 추위에 떨 것이며 다시 암시로 8월에 태양이 비춘다 하면 더워서 땀을 흘린다.

6 암시로 개성과 습관을 조절하거나 금연, 금주, 감각, 감정을 변화시킬 수 있다.

암시 후 주의력, 집중력, 기억력, 회향력 증진되고 영어나 문장 등을 잘 구사 할 수 있다. 암시로 기억력을 '1세부터 7세까지 회향시켜라' 하면 어린 동년 시절의 인격이 변화된다. 기억으로 동년 시절과 전생도 알 수 있다. 암시로 개조하면 개조되고 새롭게 된다하면 새롭게 된 다음 인격이 변화된다.

암시로 'A의 이름을 B라고 하라' 하면 이름이 그대로 바뀐다. 인격이 변화되면 B의 이름, 출생일, 가정일, 이름을 말할 수 있다. 역사 이름으로 의식을 바꾸면 인격이 변화되어 그 행으로 말하고 이름을 댄다.

7. 암시를 통해 '기억력이 회복되라' 하면 정신질환도 나아질 수 있다.

암시를 걸어 다리를 무릎 위에 올려 놓고 한손은 머리를 쥐게 하는 행동을 오랜시간 지속할 수 있다. 암시는 사람을 암시에 따라 움직이게 하고 어떤 사람을 기억조차 못하게 할 수도 있다. 이것은 민감성에 따라 정도가 다르다. 암시가 대뇌에 축적되어 전의식의 지배하에 움직인 결과이다.

8. 운동지배

암시로 지령에 따라 근육이 움직이면서 손을 상하로 움직이게 하여 자신의 아픈 부위를 안마하며 치료할 수 있다. 만약 암시로 근육이 굳어진 상태에서 '손을 뗄 수 없다.' 암시하면 손이 굳어진다. 만약 공능 상태에서 재래시장의 물건은 모두 나의 것이다. 이렇게 대해의 장애를 없애면 대해 안의 물건들은 나의 것인 느낌이 든다.

최면 상태
최면상태에 들어가면 긴장과 심리상태를 눈으로 확인 할 수 있다. 눈을 깜박이는 수가 1분에 30차 이하면 안정상태이고 20차 이하면 진정되가고 14회 이하이면 공능 상태이며 뇌 주파수가 매초당 7-0.5상태이면 동공이 고정된 상태이며 최면 상태에 빠지게 된다.

대뇌피질층의 압제와 흥분
대뇌 고급층의 활동으로 과학자나 발명가 등 천재들이 나올 수 있다.
대뇌 피질의 흥분과 압제 원인은 정신활동의 생리현상이다.
대뇌 피질은 대뇌의 150억개 이상의 크고 작은 세포가 결합되면서 연합하고 다시 활동 하면서 교류한다. 개인의 안정된 환경에 사고문제 기억력이 재고되면 혈액 유동소리, 심장소리, 발자국 소리 등을 들을 수 있으며 마치 폭탄소리와 같이 크며 대뇌피질이 흥분상태에 이른다.

9. 조건반사란?

조건반사란 기체와 외래의 인소가 발생하여 일종에 규율성 반응이며 신경계통에 의해 일정한 부분을 실현하는데 수립된 반사관념이다.

예를 들면 동물이 태어나 인지된 반사로 외부 환경에 의해 성생활을 보증하여 자기의 생존을 보장한다. 외부의 세계와 체내의 신경 감각기의 충돌에 신경은 흥분상태에 도달한다. 흥분상태는 선천적 반응이며 반사에 중요한 개발적 기관이 발동한다. 반사와 본능기관은 특징에 따라 각자 다르게 나타난다. 동물과 인간은 생존 본능에 따라 반사 신경이 발달된다. 주의력을 집중하지 못하는 사람은 매우 민감한 사람이다.

암시로 공능 상태에서 몸을 움직이지 않고 안정된 상태에 들어서면 몇 시간씩 서 있을 수 있다. 매일 이렇게 훈련시키면 조건반사가 되어 시간 동작을 맞출 수 있다.

사람은 장기간 고도의 억제이후 흥분상태에서 그것이 폭발한다.

이렇게 장기적으로 훈련한 장소에 조건반사가 남아있어 먼저 사람이 학습과 수련을 하면 후에 온 사람도 그대로 복제되어 수련한다.

수련과정에서 이런 압제상태 발전계단에 신호가 장기적으로 대뇌 두 반구에 누적된다.

첫 계단에 암시에서 신호가 대뇌 피질세포에 생산된 조건을 양호하게 축적된 상태에서 반복적으로 암시하면 조건이 구비되며 한정체로 이루어 암시 지령에 따라 인도하면 바로 그 행동을 할 수 있다.

지령으로 손을 올려라. '손과 팔이 움직이지 못한다' 하면 손과 팔이 굳어져서 움직이지 않는다. 눈을 뜰 수 없다.(기타 등등)

암시 언어가 대뇌에 축적되어 신호로 그 사람이 지령만 내리면 그 암시대로 행동한다. (조건반사를 조절하는 것이 우리의 지령치료이다.) 새롭게 반사를 제공하는 것이다. 흐린 날씨에 관절 치료 효과가 더 좋다.

전의식이 조건반사를 없애면 그 후부터 더욱 신임한다.

이런 반사는 환자가 진통과 심리가 연결되어 암시로 새로 반사 시키면 치료의 효과를 본다.

주관의식 존재를 기초로 지령에 따라 반사되면 공능 상태 하에 의식이 소실되어 작은 것부터 큰 것으로 전위되어 소실된다.

영체활동에서 반사능력이 생성되어 흥분상태에서 감지 공능이 강해진다.

대뇌피질에는 운동구내 압제과정에 자동적으로 운동하고 말할 수 있다. 건강하고 강한 의지와 극복성이 있어야 심리장애를 없앨 수 있다.

건강하고 강한 의지력만이 강한 공정을 완성할 수 있다.

유체(몸)의 질병을 치료 할 수도 있다.

심리적인 질병은 먼저 예방해야 한다.

전의식은 어린 시절 기억을 기록하고 있다.(아뢰야식)

과거 기록을 잊어버린 것도 모두 정확히 보유하고 있다.

생각했던 비밀도 기록 되고 있다. 원시 생명의 것도 기록되고 있다.

전의식은 암중 결정적 작용(활동)을 하고 있다.

인류는 두 가지 본능이 있다. 생명의 본능과 죽음의 본능이다.

제5품

꿈과
공능상태

1. 미래 예언

우리에겐 꿈으로 미래에 발생할 사건을 미리 알려 주고 있다.

꿈은 전의식과 우주의 결합의 신시교환 활동이다.

꿈에 장군이 되어 천군만마를 거느린다면 거기에 희망을 걸고 실천하면 현실로 될 수 있다.

오장육부의 병은(心)심을 치료해야 한다.

대뇌피질 대뇌 중추신경 고혈압과 갑상선 같은 질병은(心)심의 영양을 많이 받는다.

1) 행위치료 조건반사
2) 부호그림 정신치료
3) 정신치료 심령치료 심리치료
4) 신(神)치료
5) 입정술 암시법

성격진단: 인간의 외향성과 내향성은 정신류에 분열된 상태나 공제관
점을 보고 기체와 외계 반응의 특징과 개발계통과 밀봉계통을 관찰하고
사고하라.

2. 정신 동력진단:

감각으로 心(심)리 진단을 집행하고 공제관점으로 보면 신시와(氣)기
량관계 능량진단이 가능하다.

공제률에 진단: 다른 사람을 공제하고 조절하는 것 약물치료 공능상태
치료 행동치료하고 공제하고 자기로 훈련하는 방법이 있다.

자아치료는 종합치료를 할 수 있다.

암시 존재는 정상적 상태를 보존하고 육체와 정신협조를 발전시킨다.

암시로 먹고 채한 음식을 내려가게 할 수 있다

명령 하면서 가슴을 쓸어내리면 치료가 된다.

3. 인류생활은 대자연과 인류본신이 같이 공존공영하며 인간과 인간이 서로의 정신적 상처를 입힌다. 이는 몸에 해를 끼친다.

인간과 인간은 사상언어를 서로 교류하고 쌍방이 감각으로 상대방을
인식한다.

감각을 수집하거나 각종 신시를 대뇌에 전달하고 분석처리한다.

감각이나 충돌적인 신호와 악의적인 신호가 깊숙히 대뇌에 박히면 서
로에게 상처로 남을 수 있어 이런 방법은 피하는 게 좋다.

암시로 새로운 신시(信息)로 낡은 신시(信息)를 개변시키며 조절하고
평형시키는 것이다. 기율과 사고 20년, 30년 지배해 온 사상 암시를 반대
로 변화시키는 과정에서 자신의 사고경험 믿음을 깨닫게 되는 것이다.

인류는 출생하면서부터 자기의 존재를 인식하고 인식의 존재감각이
(자사) 생긴다. 그러므로 질병의 인식 자신의 몸의 상처 정도에 따라 자
신을 생각한다.

이런 문제를 해결하는 사람을 존경하고 믿게 되는 것이다.

수년간 내장기관 공능이 변화된 것을 다시 변화시켜야 한다.

육체의 내장 먼저 영체를 복구하고 유체를 다시 복구 복제하여야 한다.

4. 암시와 입정술

인간의 사상의식를 변화시키며 암시로 심령치료 효과를 본다.

몸의 평형에 따라 영체는 육신에서 빨리 떠난다.

먼저 전의식은 우주에 가서 병을 치료하고 다른 물체로 복제하라.

암시: 침구 약물치료법으로 전의식 세계인 태극도에 가서 침이나 약물로 치료된다. 기가 통하지 못하면 백가지 병이 생기고 (氣)기량이 조절되면 백가지 병이 치료된다.

입정술: 아버지가 잔등을 두드리며 잘자라 하는 것이 간단한 입정술이다.

태극 (氣)기량을 몸에 놓으면 몸에서 영체가 이탈되어 공능태로 진출한다.

전신이 맥없이 있다가 몇분후 암시로 공능태로 이끌면 잠이 온다.

5. 잠자기 전 전의식에 일어날 시간을 입력하면 깨워준다

잠자기 전 전의식에 시간 약속을 알리고 깨우도록 하면 된다.

무슨 일이나 문제를 해결하려면 잠자기 전 문제를 생각하고 해답을 요구하면 잠에서 깨어난 후 다시 생각하면 해답을 얻을 수 있다 .

공능 상태에서 암시로 정신상태를 제고시키며 대뇌중 전식을 충분히 발휘시킨다.

일상생활에서 보고 듣고 한 것이 전의식으로 기억되어 대뇌에 기입된 정서(程序)가 의식활동으로 부터 대뇌에 기입된 것과 우주 공간신호가 대뇌에서 서로 교환되어 생각이 떠오른다.

대뇌피질아래 내장신경 구역에서 내장활동을 조절할 수 있다.

조건반사는 심장박동, 혈압, 호흡, 소화 내분비, 당과 지방대사, 체온조절등 공능을 관장한다. 대뇌 중추신경과 뇌하수체 송과체 신경계통조직이 있으며 체내세포도 내분비활동을 조절한다. 대뇌가 감각신시(信息)와 결합되어 사유 활동에서 동작 언어 글씨 등이 반응한다.

유쾌 지구는 중뇌 아래에 있다.

유쾌한 일이 기억되어 고통 지구의 신경조직을 조절할 수 있고 고통이 24시간 지속되면 죽을 수도 있고 고통이 심하면 쾌락을 불러일으키지 못하고 일생을 고통스럽게 산다.

(1) 자신의 참 나를 발견한 사람이 가장 큰 사람이며 그 자신을 이겨 항복받은 자가 가장 존귀한 사람이다.

(2) 참됨과 거짓, 참다움과 허무함, 견만함과 불만, 즐거움과 괴로움이 생존하는 이 세상에 태어나서 삶을 누리는 동안 하고 싶은 일은 참 나를 찾는 길에 우주의 진리에 따라 자신을 잘 수련하여 자신을 극복하고 본성 품을 회복하는 데 있다.

(3) 우리는 수련에서 참나를 이루기 위해서는 성현의 가르침과 우주의 진리 따라 바르게 살아야한다. 바른행동과 말과 뜻을 이루려면 성현의 말씀 속에서 마음의 눈을 떠야 할 것이다. 가까이 있어도 보지 못하고 본다 하여도 틀리게 판단하는 것이 내 마음이며 그 마음이 짓는 데로 행복과 고통을 받게 된다.

(4) 마음의 눈이 감긴 상태에서는 곧 미혹의 길, 미망의 숲, 탐욕의 세계에서 헤매게 된다. 탐욕으로부터 집착과 애착이 생겨나 모든 괴로움의 근본은 시작되어 괴로움의 수레바퀴를 한없이 돌려간다. 나와 남을 갈라놓은 마음부터 수련하여 자타일치를 가져와야 한다.

(5) 사람은 원래 신성하고 존엄한 가치를 스스로 지니고 태어났으므로 고귀한 삶은 인생의 추구하여야 할 마땅한 모습이다.덕이 없는 사람은 선근을 심지 않고 항상 빈궁하고 하천하여 오욕에만 마음이 매달려 기억하고 생각하는 것이다. 항상 악의 그물 속에 들게 된다. 고귀한 삶은 성현의 진리를 믿고 깨달아 복된 인생을 얻고 불심의 세계를 건설해 나감으로서 보람과 긍지를 얻게 된다.

(6) 선종: 지금 우리의 모습은 전부 과거에 지어온 아뢰야식에 기록된

인과들이다. 선생도 성현도 도둑도 거지도 다 결과이다. 오늘 같은 결과의 열매가 맺힌 씨를 언제 뿌려 놓았는지 모를 뿐이다. 그러나 미래의 살아갈 모습을 자기 마음대로 심을 수 있는 권리는 누구에게나 다 있다. 우리에게는 도의 씨앗을 심으면 심은 대로 자라날 수 있는 유전인자가 있어 심은대로 가꾼다. 이 세상은 빈부 귀천이 천차만별이지만 바로 우리가 심은 인자 씨앗을 뿌려 선택한 결과이다. 자기스스로 자신의 운명을 선택하여 스스로 받고 얻는 것이지 절대 누구 때문에 내 운명이 만들어진 것이 아니다.

(7) 많은 사람들은 자기인생과 자신의 자리 존재가 없는 듯이 착각하여 불만 속에서 끊임없이 불평의 인(因)만을 쌓아간다. 무슨 씨를 심고 있는지를 모르고 과(果)를 따라하며 과가 일어나도 자기 것이 아닌가 한다. 과가 없으면 믿지 않는다. 콩을 심었는데 팥이 나왔다고 착각한다.

자신이 한 악행이 선행인 줄 알고 '나는 콩을 뿌렸는데 왜 팥이 나오는가' 하고 무엇을 심었는지도 모르고 심고 나서 나중에는 '왜 콩이 안나오고 팥이 나오는가' 하고 당황하여 헤메이게 된다. 팥이 나왔다면 바로 나도 모르게 팥씨를 심었나보다 하고 즉시 긍정해야한다. 바로 그 순간 바르게 새로운 인(因)을 심게 되며 미래에는 원하는 과(果)를 얻을 수 있을 것이다. 스스로 짓고 받은 과를 스스로 부정하면 새로운 인의 씨를 또 다시 뿌리게 된다.

(8) 지금 누가 나에게 욕을 한다 하더라도 앞으로는 욕먹지 않는 인생을 살아 가려면 먼저 인정을 해야한다. '내가 나도 모르게 욕의 씨를 뿌렸나 보다. 이제는 바로 보고 남에게 존경받는 씨앗을 뿌려야지' 하고 지금 받는 욕을 거름삼아 여기에다 삼업(身口意)의 씨앗을 새로 심어가면 된다.

(9) 모습으로 나누어 보면 몸으로 살아가는 것, 업으로 살아가는 것, 뜻으로 살아가는 것 3가지 업으로 구분된다. 오늘 이 업이 미래의 나에 모습으로 만들어진다. 그러나 우리의 뜻대로 거두기가 어렵고 현대를 살아가고 있는 모습이 자신이 원하는 모습과 일치되기가 힘들다. 이와 같이 자신의 몸 밖의 모습을 자신 속에 있는 마음이 원하는 모습과는 다르기 때문에 어떻게 보면 전부 허상으로 살고있다고 볼 수 있다. 살고 있기

는 해도 인연따라 일어나는 모든 현상이 자신이 원하는 모습이 아니라면 그것은 모두가 다 거짓이고 헛된 것이라고 부정한다. 인연에 따라 성립된 모든 것들을 바로 보지 못하면 바로 내인생 자체가 모두 헛것으로 변해버린다.

(10) 우주의 미세한 파장이 우리를 계시하고 주관한다.

우리 몸에 미약한 목숨이 비록 실낱 같이 붙어 있으나 마치 솜에 타고 있는 불과도 같다. 그러나 마음속에는 의근이 아직 있으므로 평소에 지었던 선과 악이 길흉과 재앙을 스스로 생기게 한다. 그러므로 선을 받들어 행한 이는 화색이 환하고 악을 행한 이는 얼굴이 컴컴하게 된다. 얼굴빛이 환하면 반드시 좋은 길에 들게 되고 화색이 나빠 심(心)념이 어지러우면 반드시 나쁜 길에 들게 된다. 부처님 말씀하시기를 "말세 인간이 복이 없고 때가 중하여 인과를 알지 못하고 타락하여 만가지 업을 스스로 지어 스스로 받는 것이니 정신 지옥에 들어가서 고(苦)를 받아들 누구를 원망할 것이며 인과를 현재에 보는 사람이 없다고 하지 말라" 멀리는 자손에게 있고 가까이는 자기 몸에 있다고 하셨다. 하늘 해와 달과 무수한 별들이 널려있는 무한한 우주공간이 허공이다.

(11) 한울은 조물자 천인, 천사 있는 곳이며 우리도 과보(果報)따라 인과응보가 있고 자연의 이치 조화에 의하여 진리 우주의 법칙에 의하여 판결 받는다. 나와 남을 갈라놓는 마음 때문에 좋고 나쁜 차별이 생긴다. 밉다 곱다하는 모든 차별이 밖에서 오는 것이 아니고 나로부터 인연됨을 바르게 긍정하면 나와 남을 집착하는 분별심은 자랄 수 없으며 나와 남이 볼 성품 속에서는 하나 된 진리의 길로 나가게 된다. 어진 자비심의 베품은 모든 자비심을 초월하여 막힌 벽을 터놓고 진리의 불을 피우게 하는 행위로서 항상 불심 속을 메우면 큰 복을 이루게 된다.

제6품
명상의 개념과
특징

1. 개념과 특징

본 학마을 명상은 2500년 전부터 고다마 싯다르다께서 하신 수행법과 한국과 중국의 선가 수행법과 89가지 마음부스와 차크라를 포함하고 있습니다. 학마을 명상은 세계 전통문화를 계승 발양하고 높은 도덕으로 공덕을 갖추고 덕을 쌓으며 사람의 정신체와 생명체를 함께 수련하는 속성 수련법이다. 학마을 명상은 덕을 쌓는 것을 근본으로 하여 먼저 정신체를 수련하고 후에 정신체와 생명체를 함께 수련하여 참(진선인)된 사람으로 성장시키므로 사회에 공헌하는 수련이며 간편하고 효과가 빠르다.

학마을 명상은 인류의 건강 장수에 이바지하고 건강한 정신세계 건설을 하기 위함이며 인류의 행복을 도모하는 것이다. 학마을 명상은 우주 본체이고 만물을 생성하는 근원이며 고급에너지이다.

학마을 명상의 힘은 인간 세상의 것이 아니고 우리가 만들 수 없는 대우주와 소우주가 통일되게 얻어지는 고급 에너지로써 사람들이 갈구하는 모든 소원을 빠른 시일 안에 성취시키고 행복해지게 한다.

학마을 명상 수련은 우주의 힘으로 먼저 자신을 수련하고 후에 남을 도울 수 있으며 인간의 본성인(眞善忍.진선인)을 찾고 사회에 봉사하는 참된 인간으로 귀향하는 길이다.

학마을 명상은 마음을 비우고 우주의 힘을 전수받아 자동적으로 먼저 외동내정(外動內靜)하고 후에 외정내동(外靜內動)하여 백맥이 통함으로써 건강장수하게 되고 인간을 초월하여 하늘과(天)사람을 (人)하나로 통일되게 한다. 학마을 명상은 참된 마음에서 우주의 힘을 얻어 자동으로 운행하면서 먼저 마음을 수련하고 후에 잠재의식을 개발하여 만능기계로 만사를 마음의 주문에 따라 이루어지게 하고 인간을 초월한 초능력의 힘이 성장함으로써 남을 도울 수 있게 한다.

2. 기본 원리

우주에는 고급에너지(신기)가 있고 정보중심(자기자리)가 있는데 소우주와 대우주가 결합되면 대화를 할 수 있다.

인간이 이런 고급에너지로 정신체와 생명체를 결합시키면 우주의 지혜가 열린다. 대우주와 소우주(人)와 결합 될 때 사람들은 대우주에서 (天) 보내는 에너지 정보를 뜻대로 받아들일 수 있다.

이때 참마음에서 소원이 성취되고 인간에게 기적이(초능력) 나타나 만사가 뜻대로 될 수 있다. TV에서 전파를 받아 화면이 나오는 것처럼 소리와 화면을 볼 수도 있다. 학마을 명상은 우주법칙과 인간의 법칙을 탐구하여 인간과 우주를 하나로 결합하여 몸과 마음을 수련하고 건강장수와 공동체 화합을 위해 노력의 목표를 둔다.

3. 기초지식

(1) 명상이란?

수련은 마음을 닦아서 몸을 튼튼히 하는 것인데 여기에는 마음 수련과 몸 수련 두 가지가 있다. 마음 수련을 근본으로서 마음을 닦고 진리를 얻어 참된 인간으로 성장하는 것이다.

학마을 명상수련은 잠재의식을 개발하여 자신의 생명 활동을 수련하고 전의식 능력으로 정·기·신을 튼튼히 단련하는 방법이며 우주에너지와 일치되게 하는 독특한 방법이다.

학마을 명상수련은 마음수련을 통해 정氣를 보존하고 호흡수련을 통해 정 氣를 받아들이며 몸을 단련하여 백맥을 소통시켜 건강장수하게 하고 어린시절로 되돌아가며 인간의 본성(眞善忍. 진선인)인 원시생명을 찾는 것이다.

마음단련법, 호흡단련법, 몸 단련법을 3식법이라한다.

(2) 기본 방법

마음을 비우고 몸에서 힘을 빼고 편안한 자세로 앉아서 집중해야 효과를 극대화 할 수 있으며 지금까지 적당히 알고 있는 것은 내려 놓고 텅빈 마음 생태로 수련해야 효과적이다.

(3) 태도(수련을 잘 하려면):

인생을 끌고가는 것은 몸체(사지)가 아니라 마음이다.

육신은 허울이고 마음은 주인이기에 인생길은 마음에 의해 진행된다. 몸의 주인은 마음이기에 몸은 마음 따라 움직인다. 그러므로 학마을 명상수련에서는 마음수련이 근본이다. 마음을 바로 잡고 큰 뜻을 세워야 명상수련을 잘할 수 있다. (정신집중은 꼭 필요하다 조금만 느슨해도 마(다른 생각)가 침입한다)

마음가짐을 바르게 하고 우주의 힘을 믿어야 한다.

목표에 따라 이루어지는 성과가 다르고 맺히는 열매가 다르다.

학마을 명상 수련에서는 우주도 실현할 큰 뜻을 세우고 남을 사랑하고 도와주는 것을 낙으로 삼으며 믿음은 실천적 깨달음에 의해서 생긴다.

학마을 명상의 힘에 대한 실천이 없다면 그 믿음은 육신의 믿음이고 정신의 믿음이 아니기에 믿는다 하여도 효과를 볼 수 없는 것이다.

마음의 믿음에서 우리의 소원을 완성 할 수 있다.

4. 지나친 추구나 탐내지도 말라.

지나친 추구와 욕심은 수련의 큰 적이다. 우주의 법칙은 득과 실의 평형으로서 잃으면 얻고 얻으면 잃게 된다.

마음의 고통과 외상 후 스트레스 상처는 차크라의 트라우마가 충격받은 병으로 득과 실, 평형이 파괴된 결과이며 탐욕에서 나타난다.

지나친 욕심은 화가 된다.

학 마을 명상 수련은 신호에 따라 해야 효과를 극대화 할 수 있고 지나치게 추구하면 그 뜻을 이루지 못할 수도 있다.

수련은 하루 이틀에 이루어지는 것은 아니다. 부지런히 수련하면서 자기 특징을 찾고 그 장점을 발휘하여야 한다.

남을 모방하지 말아야 한다.

사람마다 기능이 다르게 개발될 수 있다는 점을 이해하고. 자기능력을 발휘하여 열심히 노력하면 누구나 개발이 된다. 겸손해야 한다.

늦다고 낙심하지 말고 빠르다고 자만하지 말며 자연에 순응하고 만물을 선생님으로 모시며 참되게 배워야한다.

알수록 머리 숙이면 장차 큰 어른으로 성장 할 수 있다.

머리를 비우고 뜻을 크게 세워야한다.

이미 알고있는 지식이나 이미 얻은 기능 등은 학마을 명상수련에 장애가 될 수 있으므로 잠시 버리고. 처음부터 출발해야 더 빨리 더 많이 얻을 수 있다.

비울수록 그릇이 크게 된다. 학마을 명상수련과 관계없는 일은 생각하지 말고 집중력을 키워라.

5. 실천적 효과

우주의 에너지를 전수받아 즉석에서 인간에게 꼭 필요한 고급에너지를 기적적으로 창조할 수 있다.

즉석에서 병을 치료할 수도 있고 예측도 할 수 있으며 무한한 지혜도 생기고 그 힘을 전수할 수도 있다.

① 몸의 저항력이 강해진다.
② 강한 체질을 만든다.
③ 만병(난치병)이 호전된다.
④ 노쇠현상을 방지하고 젊어지게 한다.
⑤ 삶에 질이 개선된다.
⑥ 자녀교양, 가정화목, 사업 등에 효과가 있다.
⑦ 육체와 정신안정을 보장할 수 있고 재난을 피할 수 있다.
⑧ 인간관계를 개선하고 행복해지게 할 수 있다.
⑨ 동식물에 생기를 주어 잘 자라게 할 수 있는 힘이 생긴다.

우주의 여러 생명체들과도 대화를 할 수 있다.

제7품
학 마을 명상의
개념과 특징

1) 우주 생성론

도가 하나 즉 한(氣)을 낳고 한(氣)이 나뉘어 둘 즉 음과 양의 둘(氣)
이 되고 음과 양이 서로 합하여 셋으로 불리우는 화합체가 되어 그 값에
서 만물이 생성된다.

우주 무극은 모든 것이 유기적으로 조화된 하나의 정체로서, 음과 양
이 없는 무극에 가볍고 투명한 기운이 올라가서 하늘이 되고 무겁고 탁한
기운이 내려와 땅이 되며 음과 양이 있는 우주가 되었다.

2) 명상과 인간의 치료

학마을 명상 에너지는 만물을 지배하여 조절하므로 우주에너지를 받으
면서 신체의 조화를 이루고 병이 예방치료 되고 또 타인을 치료할 수 있는
치유기로 전환되며 우주의 기운과 일치되어 무한한 능력을 나타내게 한다.

학마을 명상의 존재는 체험, 지각으로만 인정하기 어려운 것이며 수련
을 하는 동안에 믿고 스스로 깨달음으로 체험하게 된다.(자연의 힘을 이해

할 수 있듯이) 인간세상 만물은 우주의 피조물이며 사(邪)된 곳에 신기를 남용하려할 때에는 우주에너지는 신체에서 탁기(氣)에너지로 만들어진다.

우리의 몸이 불 균형상태에서 일시적으로 악화되는 현상은 몸속의 탁기(氣)에너지가 신기(氣)에너지에 저항하는 현상이며 이때 골기(氣)에너지나 오행기(氣)에너지의 에너지를 이용하여 균형 있게 받아들이면 그런 증세가 사라진다.

인간도 호흡과 식사를 통해서 얻은 맑은 기(氣)에너지는 위로 올라 영양이 되고 무겁고 탁한 氣에너지는 아래로 배설된다. 그러나 마음의 기(氣)에너지를 지배하기 전에 나쁜 마음에는 탁기(氣)에너지를 끌어들일 수 있다.

자연법칙을 어기면 탁기(氣)에너지를 머리로 끌어들여 병이 온다. 수련을 통해 호흡을 멈춘 상태에서 탁기(氣)에너지를 내리고 숨을 들이쉴 때 탁기(氣)에너지가 몸속으로 들어오는 것을 막을 수 있다.

잠재적 활력: 에너지는 피조물이 움직임에 언제나 함께 있는 잠재적인 힘이며 항상 잠재적인 활동을 한다.

에너지는 속성이자 본질임을 알아야 한다. 에너지는 움직이면서 다른 물질을 조화시킨다.

음기(氣)에너지는 정으로 작용하고 양기(氣)에너지는 동으로 작용하고 음기(氣)에너지와 양기(氣)에너지는 서로 전환되면서 움직이며 서로 화합하는 것을 볼 수 있다. 우주 신기가 움직이면 잠재기능이 잠재력을 통하여 새로운 인간으로 복제한다.

음양 : 기(氣)에너지는 음기(氣)에너지 양기(氣)에너지로 나뉘고 음지 양지는 밝음 어둠이 되고 산의 남쪽은 양지이고 북쪽은 음지이며 한과 난을 지각하기에 이르며 그 한과 난이 기(氣)에너지와 맺어져 한기(氣)에너지 난기(氣)에너지로 인식되고 나가서 음기(氣)에너지 양기(氣)에너지로 나타난다.

음기는 밤, 달, 어둠, 겨울, 조용한 것, 한랭한 것, 안쪽, 아래로 내려가는 것, 여자, 탁한 것, 기능의 감퇴 등이다.

양은 낮, 해, 밝음, 여름, 활동하는 것, 온열, 바깥쪽, 위로 올라가는 것, 남자, 맑은 것, 기능의 향상 등이다.

인체표면 외측은 양, 내측은 음, 배면은 양, 복면은 음, 내장기관의 오장은 음, 육부는 양이다. 상반신은 양, 하반신은 음, 팔다리의 외측은 양, 내측은 음이다. 왼쪽은 음이고 오른쪽은 양이다. 음과 양은 상대적 성격이며 음은 양으로 변하고 양은 음으로 변하여 양속에 음이 있고 음속에 양이 있으며 불은 양이고, 음은 물인데 불 속의 검은 부분이 양속의 음이며 불 밖의 깜깜하고 속이 맑은 것은 음속의 양이다.

물은 음이라 하고 음은 물이라 한다.

마음의 생각에서 정신이 평형을 이루지 못하면 정신의 역할을 상실하며 병을 초래한다.

3) 양성

20세에는 혈(氣)에너지는 왕성하고 30세에는 혈맥이 충족하며 40세에는 장부 경맥은 절정에 달하고 50세에는 간기(氣)에너지가 쇠약하기 시작하고 60세에는 심기(氣)에너지가 쇠하게 되며 혈기(氣)에너지도 약해지게 된다. 70세에는 비기(氣)에너지가 공허하고 폐는 쇠하고 신기(氣)에너지가 말라 경맥이 공허해진다. 80세에는 오장이 모두 공허하게 되어 정신체가 몸에서 이탈된다. (개인의 차이가 있음)

4) 음과 양

입정상태(入靜)에서 용, 범, 물, 불, 해, 달 등이 양과 음이며 명상은 신체의 양과 음의 조절 경락을 통과시키는 것이다. 숨을 들이쉬고 내쉬면서 생명을 복구한다.

생각이 마음이고 생각에 만가지가 처리되어 생존하고 생각에 의해 머리에 잡념이 생기고 신체에 반영되어 건강을 해치게 된다.

수련을 통해 정에서 음이 생기고 동에서 양이 생겨 합하여 단으로 형성된다.

니완궁과 명문을 통해 정이 아래로 운행하면 노쇠를 방지하여 장수한다. 인간의 재생력은 폐의 호흡, 심장의 혈액순환, 위의 소화 작용, 백혈구의 살균작용에 적용된다. 골절과 외상은 치료가 어려우나 명상과 약물치료를 병행해 주면 상처는 곧 새살이 생기게 된다. 타액(단침)도 상처를 치료할 수 있으며. 타액은 살균력이 있고 내장을 강화시키는 특효약이다. 위장을 강화시킨다. 우주의 에너지로 세포를 재생시키고 세포를 재생시키면 병이 완치된다. 학마을 명상수련의 길은 우주 통일의 길 평화의 길 지구촌 건설의 길이다.

5) 믿음

관건은 우주의 힘을 믿고 내 몸에도 우주의 힘이 있다는 것을 믿는 것이다. 믿음은 욕망에 의하여 이룩되는 것이 아니다. 실천적 효과에 의하여 형성되고 단련된다.

실천적 인식이 없다면 그 믿음은 뿌리 없는 나무와 같다.

우주의 뜻에 따라 진정으로 믿으면 소원이 성취되고 만사가 뜻대로 되지만 자기의 뜻(욕망에)따라 믿는 것은 참된 마음이 아니므로 소원이 성취되지 않는다. 뜻대로 되지 않을 때 의심하지 말라 .믿음은 깨달음에서 오고 깨달음은 우주법칙을 이해하는 데에서 온다. 속담에 정성이 지극하면 돌에서도 꽃이핀다고 하였다.

6) 진실한 마음의 요구

1. 거짓된 말은 자신을 괴롭힌다.
2. 상스러운 말은 품위를 떨어뜨린다.
3. 남을 욕하지 말며 넓은 마음을 가져야 한다.
4. 남을 미워하지 말고 서로 사랑해야 한다.
5. 질투하지 말고 서로 도와 협력하라.
6. 비방하지 말고 자비를 베풀어 업에 소멸을 구하라.
7. 타인을 존중하고 하심하며 겸손해야 한다.
8. 참 진선인(眞善忍)이 되어야 학마을 명상 수련인의 자세로 본다.

제8품
명상 수련

1) 도심과 인심

도심은 자연계 규율이며 유무 통일의 규율이다. 인심은 이 규율에 의해 움직인다. 사람은 천도를 찾아 무에서 무형으로 다시 무극이 된다.

육신의 마음을 없애고 무의 규율에 따라 무극. 무형에서 인간의 모든 것을 버려야 영원한 쾌락을 얻는다.

2) 인과 법칙

원인이 있으면 결과가 있고 씨를 심으면 거두게 되는 것이다. 칭찬을 하게되면 칭찬을 받게되고 비방을 하면 비난을 받게되고 사랑하면 사랑을 받게되고 미워하면 미움을 받는 것은 우주법칙 즉 인과법칙이다. 마음은 심은대로 거두게 되니 나쁜 마음엔 괴로움이 따르고 청정한 마음엔 즐거움이 따른다.

3) 선과 악

가구는 집을 장식하고 선행은 사람을 빛낸다고 하였다. 마음이 너그럽지 못하면 그릇도 작으며 많이 담을 수가 없다.

사람은 태어날 때 천사인지 악마인지 모른다. 선과 악은 커가면서 자신도 모르는 사이에 자란다. 선이 선을 낳고 악이 악을 낳는데 이 또한 인과법칙이다.

사람의 마음은 선과 악으로 되어있는데 명상수련은 선과 악에 분별력을 키운다. 나쁜 짓을 한 사람이 잘사는 것은 아직 악행의 열매가 덜 익어서 벌을 받지않은 것이고 선한 사람이 못사는 것도 아직 열매가 덜 익은 것이며 악의 열매나 선의 열매나 그 열매가 익으면 그 열매는 반드시 자기 자신이 수확해야 한다.

이것은 신분의 높고 낮음과 잘살고 못사는 것과 돈이 있고 없고 나이가 많고 적음이 상관없이 절대로 바르고 누구한테나 평등하게 찾아오는 인과이다.

4) 욕망

사람은 태어날 때 하얀 백지처럼 욕심이 없는데 살다보면 끝없는 욕심이 생긴다.

인생 길 마지막엔 빈 몸으로 가는데 욕심은 끝이 없다.

인간이 태어날 때에는 참마음이다.

그러나 자라나면서 선과 악은 자신도 모르게 길은 갈라져 욕망의 구렁텅이에 빠지게 된다. 그러므로 인간의 욕망은 엄하게 다스려야 한다.

욕망은 한번 들어주면 더 많은 것을 요구하는 속성을 가지고 있기 때문이다. 인간이 영원히 살고싶어하는 욕망의 끝은 죽음으로 단절되고 만다.

우리의 삶은 생과 사가 있으므로 모순을 내포하고 있다.

계속되는 삶에서 동시에 한발 한발 죽음을 향해 가고 있는 것이 이율배반이다. 때가 되면 누구나 가는 길이다. 혼자서 가야할 길이기에 관리와 연습이 필요하다.

계절이 바뀌면 계절을 맞을 준비는 하면서도 인생에 끝을 생각하지 못한 어리석음은 삶의 끝에서 길을 잃고 헤매이면 떠오른다. 아마도 천상에 오르지 못할 것이다.

사람의 욕망은 조금만 느슨해지면 금은보화가 폭우처럼 쏟아지는것에도 욕망을 채울 수 없다. 욕망에서 해탈되는 과정이 마음수련이다.

후천적인 생명활동: 현재의식과 잠재의식이 하나로 되어 행하는 생명활동이다.

현재의식의 생명활동(사고, 상상, 감정 등)은 씨앗이고 그 씨앗에 반응하는 잠재의식은 밭이며 뇌는 생체컴퓨터이다.

기(氣)능 개발은 현재의식의 종자를 잠재의식의 밭에 심어 가꾸는 후천적인 생명활동이다.

5) 득실평형

인간의 생활원천은 대(大)우주의 조화에 의하여 이루어짐으로 물질의 가치를 알고 낭비하지 말아야 한다. 낭비는 죄이다.

옳은 것을 위하여 일하는 것은 내것을 지키는 힘이 되어 물질이 불어나게하는 운을 불러들이게 된다.

어리석은 사람은 눈앞의 이익만 생각하고 이기적이기 때문에 오랜 세월이 지나면 물질축복의 기능을 다시 받지못하게 된다.

부자가 복을 짓지 않으면 3대를 유지하지 못한다. 사람이 옳은 것을 위하여 열심히 일하면 물질의 가치를 알게 되므로 물질을 함부로 낭비하거나 사치한 생활을 하지 않게 된다.

일한 것만큼만 가져야하며 더 초과하면 그 물건에 애착이 붙게 되고 낭비하면 착고가 모여서 악업으로 죄가 된다.

그러므로 세상 만물을 아끼며 보살피고 사랑하며 자기 피와 땀을 흘려 일하여 얻은 물질은 하늘의 인연에 따라 물질이 오가며 잠시 맡아볼 뿐이다.

6) 명상의 가르침

인생의 올바른 길을 실천하려면 인생을 사실대로 진실하게 볼 수 있어야 한다.

인생의 현실은 좌절과 실망을 안겨주는 고통의 연속이다.

산다는 것 자체가 고통이다. 늙는다는 것도 고통, 병이 든다는 것도 고통, 죽는다는 것도 고통, 미운사람 만나는 것도 고통, 사랑하는 사람과 헤어지는 것도 고통, 굶는 것도 고통 이 고통을 일체개고라 한다.

일체개고를 해결하는 방법이 무엇인가?

사성제의 가르침이다.

사성제 4가지를 가르친 고(苦), 집(集), 멸(滅), 도(道)를 말한다.

인간의 존재는 괴로운 것을 겪는 것이 고(苦)제이고 괴로움이 쌓이는 원인을 이별하는 것이 집(集)제이고 고통의 원인은 만족을 모르는 무한한 욕망이기 때문이다. 그래서 고통은 끊임없이 계속된다. 무지한 욕망을 멸하는 길을 가르치는 것이 멸(滅)제이다.

인간에 있어서 욕망을 버렸을 때 모든 집착은 사라지고 따라서 괴로움 또한 사라진다. 그러나 욕망을 소멸하는 것이 그리 쉬운 것은 아니다.

올바른 수행이 따라야 한다. 수행은 8정도를 수행하는 길 밖에 없고 그것이 4성제 네 번째 道제이다. 4성제가 이루어질 때 인간은 쾌락과 고행이라는 양극에 치우치지 않고 사물을 올바르고 이상적인 경지에서 볼 수 있는 곳에 이르는 것이다.

섬기면 복이 온다. 고통은 행복으로 온다. 욕심을 버리고 선량한 하늘의 뜻에 따라 살면 하늘과 통할 수 있다. 자기 자신의 사를 버리고 덕을 많이 쌓아 자비한 마음으로 자기를 없애고 남을 사랑하라

7) 자비심을 법으로 욕망을 다스려야 한다.

사람은 법으로 욕망을 다스리고 자비의 마음이 주가 되어야 한다. 자비란 뜻은 두 가지인데 자(慈)는 다른 사람을 위하는 것과 행복을 주는 것이

고 비(悲)는 다른사람을 위하여 슬픔과 고통을 함께 나누어주는 것이다.

자비한 마음으로 우주만물을 대하면 마음은 바다처럼 넓어질 수 있다. 모든사람을 마음속에 다 포용해야 나쁜 악업과 죄를 없앨 수 있고. 하늘의 지혜로 마음을 볼 수 있는 기능을 얻어 몸과 마음이 해탈할 기회를 얻을 수 있다. 등불은 어둠이 있어 빛을 내는 것이 아니라 암흑을 몰아내는 것이다.

복은 작고 선한 일이 쌓여서 생기고 덕은 도덕을 갖추고 남을 사랑하는 데서 생기며 지혜는 고요히 생각하는데서 생기며 근심은 애욕에서 생기고 재앙은 욕심에서 생기며 허물은 경망에서 죄는 참지못함으로 생긴다.

눈은 그릇된 것을 보지 말며 아름다운 행실을 볼 것이며 말은 조심하여 실없는 말을 하지 말고 착한 말을 하며 우주 도를 받들고 그릇을 크게 하고 모든사람을 너그럽게 포용하고 오는 것을 막지말고 가는 것을 잡지 말라. 자신을 내세우지 말며 바라지 말고 지나간 일에 집착하지 말며 남을 해치지 말고 마음을 다듬고 수련하여 마음을 밝게 하여 그 밝음은 많은 사람을 구하면 된다.

8) 고통과 행복

복은 착한 마음의 열매이다.

우주의 힘은 정성만 들이면 구하지 않아도 저절로 온다. 마치 밤이 지나면 낮이 오고 겨울이 가면 봄이 오듯이 자연의 이치를 깨닫게 된다.

병이란 마음의 불균형 양심의 불균형이다. 탐욕으로 마음의 평형과 외상 후 스트레스 트라우마로 파괴됨으로 몸의 균형을 잃어 병이 생긴다.

마음의 상처는 명상으로 고칠 수 있다.

명상수련 과정에서 정신체와 생명체가 통하면 병은 치료할 수 있다. 병은 마음의 선과 악의 박투(다툼)가 육체에서 표현된 것으로 치료는 명상수련으로 해야 좋은 효과를 볼 수 있다.

약을 쓰거나 의사의 치료를 받을 수 있지만 그것은 잠시 호전되는 것처럼 보일 뿐이다.

병을 치료하는 과정이 명상수련이고 기(氣)량이 오르는 과정이다.

사랑할 때 우주 영양소가 들어와 육체와 정신을 자극해서 유전자 미마 (비밀호호, 자기만의 파장, 자기만의 특징을 말함) 따라 잠재의식은 정신적 촉매역할을 받게 된다.

잠재의식은 파장에 따라 송전,전달되는데 나쁜마음을 가지고 생각하고 말하거나 행동하면 괴로움이 그를 따르고 청정한 마음을 가지고 생각하고 말하거나 행동하면 즐거움이 그를 따른다.

마치 그림자가 그 형태를 따르듯이 우주 기(氣)량에는 우리를 행복하게 오래 살게하는 사랑의 파장이 있다.

참마음에서 사랑하면 그 힘을 받을 수 있다.

9) 우주법칙과 인생법칙

인간사회는 우주법칙과 인생법칙에 의해 움직이는데 인생법칙은 우주법칙에 따른다.

* 우주법칙

우주는 법칙에 의해 조화를 이루면서 움직이고 있다.

우주 법칙에는 대립과 통일의 인과 득과 실, 평형, 상생, 상극, 질의, 상호 변화, 자연과 공존공영의 등이 있다.

* 인생의 법칙

인생법칙은 인류의 심령과 마찬가지이다.

인생법칙은 확실히 존재하고 전의식의 위대한 힘을 가지고 있다.

인생법칙은 인류의 심정과 마찬가지로 우리 눈으로 볼 수 없으며 손으로 만질 수도 없다.

인류는 2개의 세계에서 두 개의 형태를 가지고 있다.

하나는 현재의식의 이성 변화이며 다른 하나는 전의식 변화이다.

인류의 의식은 심리사고가 우선한다.

의식은 하나의 감각이 마음에서 창조할 수 있고 선량한 마음에서는 좋은 결과가 나올 수 있으며 악한 마음에서는 필연적으로 악한 결과가 나타나는데 이것이 심리작용이다.

인생법칙은 광대한 무(無)변의 우주법칙이다.

인간의 심령에는 전의식의 위대한 능력이다.

역사상 위대한 인물들은 위대한 포부에서 전의식을 충분히 발휘하고 활용하였기에 성공한 것이다.

그러므로 우리는 자신의 전의식의 위대한 목표를 정하고 충분히 발휘하면 생각 밖의 발명과 창조에서 성공할 수 있다.

인생법칙은 정과 사 선악을 구별할 수 있다.

인간은 항상 다른사람을 원망한다.

시시각각 불안, 초조, 걱정, 두려움 속에서 생활한다. 우주 규율, 자연규율에서 인생법칙은 천고의 변하지 않는 진리이다.

인류사회 도덕규범과 자연세계 사이에는 어쩔 수 없는 차이가 있다. 인생법칙에서 정과 사 선악의 대립으로 인생은 발전한다.

인생법칙의 정사 선과 악의 구분은 인류에 존재하고 낮에는 광명, 태양이 비추고 밤에는 달빛이 비추인다.

우리가 심는대로 거둘 수 있는 것은 영원히 변치않는 인생법칙이다.

신념을 가지고 적극적인 명상수련을 하여 목표에 따라 생각에 따라 꾸준히 실천하라. 신념에서 한 사람의 사고 심정 감성 이성과 심리상태 활동이 시작된다.

신념이 있으면 주의력이 집중되어 이성의 힘을 길러 앞으로 발생할 일들을 시시각각 조절하여 불행한 일을 면할 수 있다.

위대한 인물은 진정한 신념에서 그것을 믿고 실천에 옮겨 성공할 수 있지만 믿지 못하면 전의식을 발휘하지 못하여 실패한다.

제9품

건강

1) 몸과 마음관계

우주의 힘은 자연 치유력이 있고 만병을 치료 할 수 있으며 사람을 건강 장수하게 한다. 사람은 유체와 영체가 결합되어 육체로 되었고 영체는 본체이고 유체는 영체의 것이며 자기 것이다.

영체는 주인이고 주인이 떠나면 유체는 죽어서 흙으로 돌아간다.

유체가 마음을 끌고 가는 것이 아니라 마음이 유체를 끌고 가며 마음에 의하여 일체가 결정된다.

병이란 인체 생리활동이 평형을 이루지 못하여 막히고 흩어지는 것과 세포의 죽음이며 막힌 곳이 뚫리고 뭉치면 세포가 재생된다.

병은 영체의 고장이며 영체가 우주에서 유체로 복제되면 인간의 유체도 평형을 이룰 수 있다. 氣에너지 흐름에 장애와 氣에너지 막힘 부족과 자율신경 잠재기능이 제대로 발휘되지 못하면 병이 생기고 건강하지 못하면 말없이 움직이지 못하고 숨이 넘어가며, 영체의 기가 충족하면 움직임이 활발해지고 생명력을 유지하며 건강장수 할 수 있다.

힘은 생명체의 생명력이며 이 생명력을 우주기운으로 보충하려면 수련에서 마음과 유체를 통일시키고 몸과 마음 수련을 함께 해야 한다. 소통과 흐름이 원활하면 치료되는 것이다. 마음조절 몸조절 호흡조절을 잘하여야만 건강장수 할 수 있다.

인간이 출생할 때 부모의 정기(氣에너지) 시간, 출생환경, 지리방위에 따라 몸의 전 氣에너지가 고압과 저압으로 나누어지고 이에 따라 운명이 달라진다.

몸에 자연 전기(氣에너지) 배열이 정렬되면 고압운으로 좋고 자연 전氣(에너지) 유전 미마가 잘 배열되지 않으면 저압으로 고압 전기(氣에너지)를 배척하고 탁기(氣에너지)를 끌어들여 운명이 나쁘게 된다.

마음조절을 못하면 자연 전기(氣에너지)가 응결되어 기(氣에너지)혈장애가 있으며 그곳에 병이 생긴다.

어린 시절 기(氣에너지)혈이 막힌 상태로 오랜시간을 지내면 병으로 나타난다. 어린 시절과 살아오면서 추억 속에 트라우마 상처 외상 후 스트레스는 후에 몸에 불편함으로 나타난다. 음식과 건강 식사요법이 한쪽으로 치우치면 병에 원인이 되기도 한다.

화를 내면 간을 상하게 하고 지나친 흥분은 심장을 상하게 하고 정서가 나쁘면 힘을 잃게 되며 영혼이 마음 따라 잠재기능을 발휘하지 못하게 된다. 마음수련은 근본적으로 바다같이 넓은 마음 사랑과 자비를 베풀 수도 있고 항상 긍정적인 정서를 유지하여야만 평온한 마음을 유지 할 수 있다.

마음의 평형을 이루는 것이 몸의 평형을 이루는 과정이며 병을 치료하는 과정이다. 마음에 의하여 병이 생기고 마음 따라 병이 호전된다.

정신에 따라 잠재기능을 발휘하면 병을 막을 수 있는 세포를 재생할 힘이(에너지) 생긴다. 정신에 따라 잠재기능을 발휘하지 못하면 면역세포가 죽어 수명이 단축 된다. 마음에서 정신의 힘은 원자폭탄처럼 강하며 몸의 모든 것을 관장 하고 조절하며 잠재하며 무의식에서도 작동한다.

정신적으로 긍정적으로 생각하면 육체적으로 건강한 상태를 유지하고 즐거움은 젊음을 유지 보수하는데 기여하게 된다. 억지로라도 웃음 지으면 그만큼 젊어진다는 것은 누구나 아는 진리다. 당연한 이 진리도 실천하지 못하는 것이 중생들의 삶이다.

학마을 명상은 세포를 재생시키고 병을 치료한다.

세포의 재생이 늦으면 몸은 평형을 잃어 병이 생기고 세포 재생이 빠르면 그만큼 건강하고 장수 할 수 있다.

학마을 명상의 힘을 믿고 수련하면서 우주의 에너지로 수련하며 병이 나아진다고 상염하면 병은 자연히 낫게 된다.

병이 있어도 병이 완치되었다고 생각하고 즐거운 마음으로 살아가면 병을 치료 할 수 있는 힘이 생겨 병은 호전된다.

학마을 명상 방법으로 난치병도 치료되어 기적을 창조한다.

정신의 긍정은 몸을 움직이는 물질(에너지)이 되며 마음이 죽으면 뼈도 말라간다는 것을 기억하기 바란다.

2) 사악을 방지하자

수련은 건강장수하고 원시생명을 찾아 자연으로 돌아가는 길이다.

수련하여 돈을 벌려는 것은 사마(四魔)이다. 얻기는 쉬워도 지키기는 어렵다. 논밭의 잡초를 뽑으면 곡식은 자연히 성장하듯 사람의 몸도 깨끗이 하고 자연으로 정화하면 우주의 (에너지)가 치료한다.

수련에 과한 욕심은 사마(四魔)의 주머니를 만들어 치유에 장애가 된다.

치료나 예측을 하려는 것은 대업이 아니다. 소업은 대업을 위해 뒤로 미루고 완숙한 인간으로 성장하는 것이 큰 일이며 인간의 세상에서 벗어나 마음의 세계에서 자연인의 마음으로 성장 하여야 한다.

학마을 명상법은 우주의(에너지)로 수련은 본인이 하고 차원은 우주가 올려준다.

*수련이란 우주 (에너지)을 사용하는 것을 배우고 잘 사용하는 것을 연습 하는 것이다.

생각과 말로 남을 폄하하거나 비방하면 그 원한은 나 자신에게 먼저 피해가 온다. 생각의 파장은 나 자신을 통과해서 상대에게 전달되고 이 파장은 다시 본인에게 되돌아 나온다.

칭찬을 하면 칭찬을 받을 것이며 비난을 하면 비난을 받을 것이다.

남의 단점을 찾지 말고 장점을 찾아라.

자신의 사마(四魔)를 찾아서 수련하면서 장애를 없애며 자신의 약점을 장점으로 발전시키고 자기를 나타내려 하지 말라.

큰 어른은 마음이 넓고 작은 일에 관계를 안 하며 말이 무거운 사람은 힘을 모아 큰 경지에 어른이 되며 큰 재목으로 쓰인다.

큰 재목은 우주창고에 저장되어 우주건설에 쓸 수 있다. 생각으로 수련하는 사람은 그릇이 크게 되고 말로 수련하는 사람은 그릇이 작게 되며 내가 지은 죄 남의 마음속에 있고 마음속의 죄 모여서 죄악이 된다.

우주중심 장애를 없애고 먼저 마음을 비우고 기도하면서 얻을 수 있고 마음이 넓고 커야 많이 담을 수 있고 성인으로 성장된다.

그릇이 작으면 물건을 주어도 많이 담지 못한다. 그릇이 크면 그릇에 따라 형태는 달라진다. 눈으로 지은 죄 눈으로 갚고 손으로 지은 죄 손으로 갚고 수련으로 음의 죄를 닦으면 몸도 장수해진다.

인간을 초월하는 생각이 없이 초인간이 될 수 없다. 매일 명상수련을 하면 그 생각 따라 파장이 모이고 모여서 생각 따라 한 물체로 만들어지며 물체가 모여서 한 정체를 이룬다.

장애를 없애면 자연히 높은 경지에 오르고 하늘의 지혜가 생겨 정과 사를 구분하고 사 마를 방지하며 물리칠 수 있다.

오탁악세와 욕계에서 빨리 벗어나야 영계 3천계에 올라 무사경계 성인으로 성장한다.

사마(四魔)가 생기면 법신을 부르며 나는 우주 자연을 수련하는 사람(자신의 이름)대면 사마는 들어왔다가도 나간다. 우리 함께 수련하면서 서로 돕고 사랑하며 함께 연구하고 경험을 학습하며 큰 씨앗으로 성장하여 더 많은 사람을 구원하고 대대손손 물려주어 조상들의 발자취를 찾아 밝은 등불로 비추며 성인으로 성장합시다.

* 치유법이란?

먼저 자기 자신의 치유를 위해 수련하며 후에는 건강문제를 해결할 수 있도록 마음 축을 바로 잡아 우주의 (에너지) 사용법을 잠재의식으로 개발하는 방법을 말한다.

수련에서 먼저 마음을 다스릴 줄 알아야 하고 우주자연 (에너지)기운 개념을 파악하고 우주생성론과 우리 인간의 관계를 파악하고 우주의 기운을 믿어야 효과적이다.

우주에 (에너지)기운과 긍정하는 마음이 치료에 큰 힘이 된다.

의심은 금물이다.

자신감을 상실하기 때문에 육신의 말을 듣고 수련에 반감을 가지게 된다.

타인을 도와주기 위해서 우주기운과 자연 개념을 잘 이해하고 연구하며 우주 기운과 자연이 우리 삶에 어떤 영양을 주고 어떤 기능이 있는가를 잘 이해하고 우주 생성론을 높혀 명상수련에서 차원을 승화시킨다.

제10품
잠재의식과
잠재 기능 개발

1. 잠재의식 개발

　잠재의식은 일종의 감각의 느낌기억이다.

　의식, 예감, 파장의 일종 촉각은 몸에서 생기는 느낌이다.

　잠자기 전, 원하는 소원을 바라면 꿈처럼 만능기계가 잠재의식 상념을 알려준다.

　우리의 영혼은 고급 에너지와 합성하여 일치되면 고급차원의 지력 활동이 된다.

　병자는 잠을 잘 잘 때 회복이 빠르고 음이 내리고 양이 오를때 병이 호전될 수 있다.

　학마을 명상에서 잠을 자는 것은 우리 몸과 마음이 휴식이고 고압(에너지)전기를 충전시키는 것이며 소우주와 대우주를 결합하는 과정이다.

　전의식의 활동으로 병든 신체를 회복시킬 수도 있고 전의식으로 세계를 창조하고 개조할 수도 있다.

　전의식이 우주와 통일되어 무시간 무공간에서 주소, 이름 따라 다른 사람을 빛처럼 전체를 비추어 보고 은막에 형상을 파장 따라 변화시킬 수 있다.

우주에서 유전 미마(자신만의 파장 비밀번호) 따라 우주의 정보 은행에서 어린 동자로 자기를 복제하여 주고 우주에서 장애가 없는 영성수술, 인체기관을 바꾸거나 치료할 수 있는 무한한 자연 치유력이 전의식의 몸속에 들어가서 신체의 매개 세포가 만능기계의 지도하에 지혜를 발휘하고 자신의 생명을 사랑하는 전의식에 명령하며 매일 치유하면 완쾌, 회복 될 수도 있다.

학마을 명상은 본래 상태로 몸을 바꾸어 주고 수술과 치료도 해준다. 전의식은 능히 신체를 도와주고 치료하고 건강을 회복시킨다.

우리의 몸은 눈으로 볼 수 없는 한 개의 우주 영체와 작은 수정란으로 시작하여 현재의 몸을 가진 인간이 되었다.

전의식은 세포 유전 미마에 따라 신체를 개조 회복할 수 있는 기능이 있다. 신체가 느슨한 상태에서 의식을 정지하고 활동을 멈추면 전의식이 수평선에 올려 직접 기능을 발휘할 수 있다.

우리의 육체와 기관은 전부 자신의 전의식 중 만능 지성소(知性所)에서 제조해 나온 표현이 인간이다.

전의식의 지혜로 우리가 제조한 부건 기관, 근육, 골격을 변화시킬 수도 있다. 잠재의식은 남을 사랑하고 열심히 노력하는 사람을 돕는다. 등대가 선박의 방향을 가리키듯 잠재의식은 노력하는 자를 이끈다.

잠재의식은 꿈처럼 표현되고 가르쳐준다.

참마음으로 덕을 쌓고 현재의식으로 잠재의식을 개발하면 건강장수하고 만사가 뜻대로 되며 인간의 상상을 초월하는 인간 기적 초능력을 창조할 수도 있다.

2. 잠재의식과 건강

마음의 내심세계가 건강하지 않으면 병이 생긴다.

병은 갑자기 생길 수도 있고 순식간에 나을 수도 있다. 심리상태는 전의식에 따라 변화된다.

병이 있어도 전의식을 믿고 치유력을 이용하면 빨리 낫는다.

반대로 병이 악화되는 생각을 하면 병은 더 악화되며 병은 마음의 고장, 양심의 고장으로 마음평형이 파괴된 결과이다.

정신이 유쾌하면 건강해지고 불쾌하거나 근심이 생기면 신체가 쇠약해지고 몸에 고장이 생겨 병이 생산된다. 때문에 전의식과 마음조절은 건강에 대하여 매우 결정적인 요소라고 할 수 있다. 마음의 생각 따라 병이 생길 수도 있고 치료 될 수도 있다.

마음에 부담이 없고 정신상태가 좋아야 건강하다.

마음에 부담이 없고 정신상태가 좋아지려면 인간관계가 좋아야 하고 대공무사 하여야 한다. 마음이 즐거우면 앓던 병도 낫게 되고 속에 걱정이 있으면 뼈도 마른다. 대부분 병은 오랜 동안 마음속에 정착해 있는 부정적인 상념과 마음의 형태에 따라 생기는 것이다. 자기의 병만 생각하면 절망에 빠지는데 그러면 몸에 병은 더 약화되고 저항력을 잃게되며 병은 더욱 악화된다. 반대로 건강해질 수 있다는 확신을 가지면 병을 치료 할 수 있는 마음의 힘이 강해져서 강력한 저항력과 재생력을 가지게 되며 병세가 호전되고 치료된다.

그러나 긍정적인 생각을 가진다는 것은 그리 쉽지 않다. 자기도 모르는 사이에 부정적인 생각과 불신은 습관화 되고 자동화 되어 있기 때문에 수련과 연습이 필요하다. 자신의 생각이 옳다고 우기는 사람은 어리석은 사람일 것이다. 사람은 누구나 자기만의 창문을 통해서 이 세상을 바라보기 때문에 자신에게 보이는 세상은 자기 자신에 생각일 뿐이다. 뇌 세포는 입력 자료에 반응할 뿐 자기 멋대로 선택하는 일이 없으나 마음은 뇌 세포와 달라서 자유분방하며 언제든지 동요하는 속성을 갖고 있다.

그러므로 긍정적인 수련을 끊임없이 하고 마음과 몸을 닦으며 진정으로 믿고 실천해야 한다. 정성 따라 마음은 더 믿어지고 대뇌의 나쁜 신호는 지워지고 새로운 것이 기입된다.

자신의 생각을 긍정으로 바꾸고 믿으면 그에 따라 몸에 변화가 생긴다.

실천을 통하여 빨리 인식하고 잠재의식을 개발하여 활동하면 병을 치료하고 건강해 진다는 목적에 도달 할 수 있다.

제11품
마음조절 수련법

3식법

'인간의 행복은 마음에 달려 있다' 는 이 말은 진리이다.

마음은 착함과 악함이 있으니 착하면 복이 되고 악하면 화가 된다. 우주 자연 (에너지)기운은 밝음과 어둠으로 나뉘니 밝으면 오래살고 어두우면 수명이 짧다.

몸은 정기에 좌우되며 두텁고 엷음이 있으니 두터우면 귀하고 엷으면 천하다. 참됨과 가닥이 서로 맞서 세 가지 길을 만드니 이는 느낌과 숨 쉼과 부딪침이다. 느낌에는 기쁨, 두려움, 슬픔, 성냄, 탐냄, 싫음이 있고 숨 쉼은 향내가 구리고 찬기운과 더운기운, 마른기운과 습한기운이며 부딪침에는 소리, 색깔, 냄새, 맛, 음탕, 닦음이 있다.

뭇 사람들은 착함과 악함, 밝음과 흐림, 두터움과 엷음을 서로서로 섞어서 갈림길을 따라서 나고 자라며 늙고 병들어 죽는 괴로움에 떨어진다.

마음이 밝은 사람은 느낌을 그치고 숨을 고르게 하며 부딪침을 금하여 한 곳으로 수련하면 큰 조화를 이룬다. 우리의 옛 조상들도 자신을 단련 하는 방법으로 조심, 조식, 조신을(3식)이라 가르쳐 주었는데 이것이 수련이다.

이런 마음으로 원상태 자연 본성으로 다시 돌아가는 것이 마음수련이다.

① 마음조절(조심)이란?

인간에게 주어진 무한한 잠재능력을 개발하여 자기 자신의 문제를 해결하고 타인도 도와 줄 수 있도록 하는 것이 명상수련이다.

참마음으로 마음 평형을 이루며 무사 경지에 이르는 것이다.

② 호흡조절(조식)이란?

우주의 생명력인 氣(에너지)를 마시고 받아들이는 것이다.

호흡에는 자연호흡, 흉식호흡, 복식호흡, 단전호흡 등 여러 가지가 있다. 자연 호흡은 늑골의 운동에 의하여 호흡하는 것이며 단전호흡은 숨을 마실 때 단전에 모으고 숨 내쉴 때 하복부를 뒤로 당기는 호흡이다.

호흡은 자율신경에 의하여 이루어졌기에 호흡을 조절하면 자율신경을 조절할 수 있어 육체를 변화시켜 정신적 안정이 되어 심리적인 문제를 해결할 수 있다.

호흡은 감정의 변화에 따라 달라진다.

화가 나면 호흡이 격해지고 심장 박동도 빨라지며 뇌파가 올라간다. 불쾌한 감정은 분비물이 과도히 분비되어 근육을 긴장하게 하고 호흡은 거칠어지게 한다. 반면 유쾌한 감정은 도파민의 분비물을 분사하여 근육이 느슨해지고 안정되어 육체를 편안하게 변화시킨다.

③ 몸 조절(조신)이란?

몸은 전기에 의하여 좌우되며 두텁고 엷음이 있는데 후하면 고압인으로 강하고 박하면 저압인으로 약하다.

수련은 강약을 조절하여 평형을 이루는 과정이다.

몸 조절은 신체체질을 변화하여 병을 치료하고 건강하게 한다.

④ 명상수련이란?

명상수련은 우주의(에너지)와 자연(에너지)수련이 기본 방법이다.

명상이란 눈을 감고 생각한다는 뜻인데 무의식 상태에서 개발하여 목표(소원)를 설정하는 과정이다.

명상 수련이란 잠재의식 수준에서 어떤 목표를 설정하고 그 내용을 잠재의식에 입력시켜 반응하게 하여 공정을 벌여 나가는 것이다.

⑤ 주관적 수련과 객관적 수련

*주관적 명상수련이란?

어둘 명(冥)자에 생각 상(想)자이다.

주관명상 수련은 잠재의식에서 한가지로 결정한 상태가 주관명상 수련이다.

어떤 목표; 건강, 사랑, 물질 등 계획을 잠재의식에 돌려 반영하게 하는 것이 명상 수련이다. 학마을 명상 수련은 건강 문제와 적극적인 사고 배양, 공능 개발, 기억력 증진, 성격개조, 습관조절, 체중 조절(다이어트)등에 효과가 좋다.

*객관적 명상수련이란?

객관적 명상수련은 눈감을 명(瞑)자에 생각 상(想)자이다.

부정적인 생각, 증오심, 타도심, 좌절감 등을 긍정적인 생각과 이해, 사랑, 희망 등으로 바꾸는 것이 객관적인 명상수련이다. 강의 연설을 들은 후 눈을 감고 자신을 되돌아보고 미래를 다짐하는 것이 객관적 명상수련이다. 객관적 명상수련은 집중력이 없고 산만하며 단편적으로 입력되므로 효과가 좋지 못하다.

⑥ 잠재의식 개발이란?

현재의식과 잠재의식:

현재의식 수준 현재 의식은 후천적인 5감에 의한 느낌으로서 고민, 갈등, 불안, 공포, 불만, 흥분, 증오, 타도심, 신경질 등이다.

잠재 의식은 선천적인 초감각적 지각으로서 명백히 의식되지 않으나 자각된 의식과 같은 행동을 지배하며 또 지각된 의식에서 볼 수 없는 몽유한 현상을 일으킨다.

잠재의식 수준의 느낌은 안정감, 행복감, 사랑, 이해, 소망, 자신감, 기대, 감사 등이다.

현재의식 기능은 후천적인 정신활동으로서 5관을 통하여 환경으로 부터 정보를 수집하며 인식된 정보로 분석, 추리, 비교, 선택, 결정, 계획 등을 하는 이상적인 정신 활동이다.

⑦ 선천적인 잠재의식

잠재의식 기능은 선천적인 것으로서 교육을 받지 않고 행해지고 있는 정신활동이다.

선천적인 원시생명의 인간본능을 말한다.

자율신경중추는 잠재의식의 지배를 받으며 죽을때까지 활동하는데 호흡, 소화, 혈액순환, 머리와 손톱 발톱이 자라는 것 등이다.

제12품
명상수련이란?

1. 수련과 일상생활

인간에게 주어진 무안한 잠재능력을 개발하여 자기 자신의 문제를 해결하고 다른 사람을 도울 수 있는 것이 명상 수련법이다.

사업에서나 일상생활에서의 문제를 해결하기 위해서는 먼저 마음의 세계 즉 잠재의식의 기능을 알아야하고 잠재능력을 개발하는 방법을 알아야 한다.

우선 문제를 다루고 문제 해결법과 해결 방법을 장악하는 것이다.

잠재의식은 경험과 초감각적 지각, 현재의식을 마음 밭에 심어 사고한 다음 잠재능력을 초감각적 지각으로 건강문제, 사업문제, 일상생활 문제를 해결해준다.

2. 일심

컴퓨터는 대뇌가 그에 반응하여 정신집중 상태를 만들어준다. 정신집

90 내면의 고민과 행복 - 마음으로 보는 명상학

중 상태에서 정신이 어느 곳에 간다면 그곳에 정신이 집중 된다.

영상 막 상상 법: 영상 막을 설정하고 영상 막에 설치한 목표를 비추며 완성되는 장면으로 바꾼다. 예를 들면 건강해지는 장면을 비추면 그 장면을 응시하면서 머릿속에 이미 그렇게 된 것처럼 좋아하라. 그러면 의지와 상상력은 목표를 향해 일치되며 작용하게 되고 따라서 잠재의식은 그에 반응하여 앞으로 영상 막에 의해 마음조절, 건강조절, 사업조절, 일상생활 문제 등을 해결할 수도 있다.

3. 일심의 치료

마음이 가는 곳에 에너지가 가고 생각하는 곳에 에너지가 간다. 마음으로 믿는 곳에는 언제나 에너지가 이동한다.

목표를 생각하면서 그곳에 정신이 집중 되고 그곳과 일치되어 그곳에 에너지를 보낼 수 있다.

4. 마음 조절 법

마음 조절 법을 실현하여 문제의 원인을 제거할 수 있어야 병을 치료하는 효과를 높일 수 있다.

수련은 현대에 와서 더 힘들게 되었다. 사람들은 과학적으로 증명을 원하며 과학적으로 증명되지 않는 것은 믿으려하지 않는다. 현대과학이 많은 일을 했지만 아직 밝혀내지 못한 것들이 더 많다는 걸 기억하기 바란다.

산업사회의 눈부신 발달에 따라 인간은 각종 업종에서 더 많은 욕구가 생겨나고 다양한 불만으로 병이 심화되고 있으며 생존경쟁이 격렬해졌으며 인간성 상실을 초래하고 금전만능주의와 부정부패 타락을 초래하여 도덕과 윤리는 자취를 감추었다. 이런 현실에 살면서 의식을 긍정적으로 바꾼다는 것은 지극히 어려운 일이며 따라서 심각한 문제들이 생기지 않을 수 없게 되는 것이다.

5. 의식구조

현재 의식에 주입된→ 이미지(경험 학습 사고와 초감각적 지각정보)
마음 밭에서→반응 잠재의식→현재의식에 주입되며 서로 정보를 통일하
고 교환하고 추리 비교 선택 결정하여 계획을 세운다.

6. 잠재의식

잠재의식: 잠재의식은 마음의 밭이고 뇌는 생체 컴퓨터이다. 무엇이던
심으면 그것이 성장하고 열매를 맺는다.

선이 선을 낳고 악이 악을 낳는 인과의 도리이다.

삶에서 어떤 생각을 하고 어떻게 쓰느냐에 따라 뇌에 용량이 넣어 지
고 이것을 조절하는 것이 마음조절의 기본원리이다.

잠재의식 수준: 정신적인 자극 (희, 노, 애, 락, 불안, 두려움, 놀람) 물
리적인 자극(상처, 타박, 충돌, 수술, 약물)이 뇌에서 정기적인 파동이 일
어나 긴장할 때 뇌파수가 상승하며 곡선은 진폭이 작고 현재의식 수준이
며 마음이 편안하고 안정된 상태에서 뇌파수도 안정되며 잠재의식 수준
으로 入靜이 되고 곡선은 진폭이 보다 크고 규칙적이다. 완전한 휴식상태
에서는 뇌파는 40.5이며 무의식 수준이고 入定 상태이다.

현재의식 수준느낌: 고민, 불안, 공포심, 불평, 우울, 흥분, 걱정, 절망,
증오, 타도심, 격분, 격노, 신경질이다.

잠재의식 수준느낌: 정신 일도 긴장이 없고 감정도 없고 그 대신 평화,
안정, 행복, 사랑, 신념, 감사 이런 감정을 느낀다. 좀 지나면 정신적으로
자기가 자기를 바라보는 느낌 入靜상태이고 의식이 없고 느낌이 없고 아
무 것도 없는 무의식 상태가 入定이다.

7. 잠재의식 개발

현재의식의 종자를 잠재의식의 마음 밭에 심어 가꾸면 만능기계가 만

사를 뜻대로 실현 되게 한다.

갓 태어난 아이가 젖을 찾고 꿈을 꾸듯이 생리적인 자율신경기능도 잠재의식의 선천적 기능의 하나이다. 호흡하고 혈액순환하며 머리 손톱 발톱이 자라고 잠에서 꿈틀거리며 충전하는 것 등이다.

대뇌 150억 이상의 뇌 세포는 모두 활동 할수 있는 선천적인 물질인데 개발하지 못해 쓰지 못한다. 마치 지하에 매장되어 있는 보물을 캐지 못해 쓰지 못 하는 것과 같다. 불현듯 떠오르는 느낌은 잠재의식에 반영된 우주의 신호로서 발명을 창조한다.

무의식중에 나타나는 현상도 잠재의식의 반영이다.

불시에 누가 앓는 것 같은 느낌이나 불행한 일들이 생각되는데 그것이 현실로 나타나기도 한다.

이것이 잠재의식의 반영이다.

사고판단 추리가 없이 나타나는 생각은 모두 잠재의식의 반영인데 후천적으로 수련과 교육을 거쳐야 컴퓨터처럼 자유롭게 사용 할 수 있다.

사람에게 원숭이 교육을 하면 원숭이처럼 자라고 사람도 네발 달린 짐승처럼 교육을 시키면 네발로 걷게 된다.

잠재의식 속에 (무엇을) 심으면 그렇게 자라는 것이 인간이다. 수련하면서 영상 막에 무엇을 그리면 그렇게 되고 꿈이 현실로 변하게 된다.

잠재의식은 만능기계이다.

이 만능기계의 스위치를 누르면 곧 움직이며 어떻게 하라고 가르쳐 주고 또 그렇게 되게 움직여 준다. 이 만능기계는 자동적으로 24시간 운행한다. 현재의식은 종자이고 잠재의식은 비옥한 땅으로서 좋은 종자를 충실히 자라게 한다.

자기를 새롭게 창조하고 변화 되게 할 수 있는데 이것은 생각잠재이식의 개발에 의하여 될 수 있다.

문제의 해결도 잠재의식의 개발에 의하여 진행된다.

학마을 명상의 모든 공정은 뇌에서 진행된다.

제13품

뇌의 구조

1. 오른쪽 뇌와 왼쪽 뇌

좌, 우 뇌는 기능이 다른데 왼쪽 뇌는 상상력, 분석, 결정, 계획, 선택, 해설, 계산 등의 기능이 있고 오른쪽 뇌는 언어, 공상, 환상, 흥분, 위축, 감정, 직감, 예감, 영감 등 기능이 있다.

좌우는 기능이 다르기에 균형이 잡혀야 성공을 이룬다.

예를 들어 깊은 강물을 보고 건너야 할 때 물에 빠져 죽는 장면을 생각하면 건너지 못한다.

의지가 약해져서 건너지 못하는 것이다.

실패를 생각하면 노력을 한다해도 실패하게 되므로 성공의식을 갖고 건강한 의지로 꾸준히 노력해야 성공 할 수 있다.

좌우 뇌 정보교환:

좌, 우 뇌는 정보를 교환하는데 좌우 중심에 뇌양이 있고 2억 개 이상

신경섬유로 좌우를 연결시키는 작용을 하며 매 초당 수만 번의 정보교환을 하게 된다고 한다. 한 세포가 2만개의 정보를 기억 할 수 있으며. 인체 대뇌의 150억 개 이상의 세포에서 보통 사람은 10%~20% 밖에 쓰지 못하며 이 나머지 뇌 세포를 잠에서 깨워 활용하는 것이 뇌 개발이다.

2. 상상력 개발

관념으로부터 다른 관념으로 바꾸어 생각하면 상상력이 개발된다. 만약 과거를 연상하며 옛 기억을 통해 미래를 보고 잘 상염하면 판단, 추리, 사고력이 뛰어난 사람이 된다.

마음은 만사의 근본이다.

마음의 그림(설계도)이 언어로 표현되고 행동으로 나오고 물질로도 나타난다.

마음의 병은 마음으로 치료할 수 있다.

이것은 우주의 창조적 법칙이다.

3. 잠재기능의 자연 치유력

학마을 명상 수련을 잘하기 위해서 마음 조절 법을 알아야 하며 에너지 개념을 파악하고 사랑의 씨앗을 주면 왜 치료되는가를 알아야 한다.

이론을 깨닫지 못하면 치료가 되는 것을 의심하게 되고 자신감의 상실로 치료효과가 반감될 뿐만 아니라 결국 중도에서 수련도 포기하게 되며 반대로 부정적인 생각을 하게 된다. 그러므로 에너지의 개념을 연구하고 파악할 필요가 있으며 치료 개발에 앞서 에너지란 무엇이며 이 에너지는 어떤 기능을 가지고 있는가 하는 것을 연구하고 우주생성론부터 배워야 한다.

제14품
갈등 문제
해결법

1. 열등의식 해결

　전의식의 법칙을 생각하고 남의 재능만 보지 말고 자신의 능력을 믿고
매일 잠자기 전 자기의 능력과 지혜를 발휘할 수 있다고 생각하라.
　토끼는 육지에서 빠르고 거북이는 물에서 빠르다.
　각자의 특성이 다르므로 자신의 잠재능력을 발휘하면 되는 것이다.
　숨을 길게 들이쉬고 내쉬면서 자기가 하는 일에 충실한 모습과 행복한
미래를 상염하면 열등의식이 사라지고 마음이 편안하게 안정된다.

2. 마음의 교류

　인간사회는 사람관계에 의하여 유지되고 발전한다.
　인간관계가 바로 마음의 교류이다.
　사제 관계에서 마음의 교류가 잘 되어야 잘 가르쳐 주고 잘 배울 수 있
으며 한 집안의 식구들도 마음의 교류가 잘 되어야 화목해진다.

마음의 교류는 파장교류로서 사랑을 하면 사랑을 받게 되고 칭찬해 주면 칭찬을 받게 된다고 했다. 학생은 선생님을 닮게 되며 부부간에도 닮아 가는데 이것도 마음의 교류에 의하여 가능한 것이다.

칭찬해주고 사랑하며 남을 돌보고 자기를 잊으면 마음이 통하여 화목해지고 행복하고 즐겁게 된다.

* 잡음 잡념 해소법

잡념은 걱정, 불안, 분노 등 내면세계에서 생기는 상념을 말하고 잡음은 자동차 소음소리 사람들의 떠드는 소리 등 외부의 자극에 의한 것을 말한다.

이완수련이란 이완은 느슨할弛 느릴緩과 합쳐진 것으로 잡념 잡음을 소멸하면서 방해를 더는 것이다.

잡음 잡념을 물리치려면 우선 긴장을 해야한다.

긴장을 받아들이면 긴장이 풀리고 안정된다.

만일 잡음에 신경을 쓰면 뇌파수가 올라간다.

그러나 잡념 잡음을 거부하지 말고 받아들이자면 인내심을 가지고 받아들이는 수련을 해야 한다.

저 소리는 나를 방해하지 못한다고 받아 들여라. (3번을 생각하라.)

저 소리는 노래 소리다 하고 생각하면서 소리 잡음과 하나가 되라.

남편의 신경질을 아내가 수용하면 싸우지 않게 되고 거부하면 싸울 것이다. 부부싸움과 애정은 모두 생각에 달려있다.

자기 생각이 옳다고 우기고 주장하는데 문제가 있으며 無我임을 알라. 만약 밤중에 노래 소리나 발자국 소리에 신경이 예민하여 잠을 잘 수 없으면 저 소리는 한울의 작품이고 아름다운 소리라고 생각하면 이 음악소리를 들을 때 깊은 잠에 들어갈 것이다. 그러므로 잡음과 잡념에 신경을 쓰지 말고 그 소리를 받아 들이면서 수련하면 된다.

4. 잠 잘 자는 법

잠을 청하려고 애쓰는 사람보다 생각 없이 누워있는 사람이 잠을 더 잘 잔다.

잡념으로 잠들지 못할 때에는 생각과 일을 내일로 미루고 몸을 이완시키는 운동을 하고 잠에 대한 집착을 버리면 긴장이 풀리면서 잠이 잘 올 것이다.

새날에 희망을 걸고 신념을 가지면 마음이 안정된다.

수련 중에 잠에서 깰 수 있는 시간을 맞추어 놓아라.

예를 들면 만일 내일 볼일이 있어 일찍 일어나려 할 때 자기 전에 전의식과 '나를 아침 몇 시에 깨워주세요!' 하고 부탁하면 전의식은 시간을 맞추어 깨워준다. 그러나 깨워준 시간에 일어나지 않으면 다시 깨워주지 않는다.

5. 긍정적인 사고

긍정적인 사고는 우리 몸에 5관의 기능이 완전히 마비되었을 때에는 잠재기능의 오감 기능을 사용하면 어느 정도 회복 할 수 있는 능력을 발휘시킬 수 있다.

심령의 기능을 어느 정도 깨달았을 때 인간은 행복과 만족감을 느끼는데 인간의 이 기준은 사람마다 각자가 다 다른 것이다. 일반적인 기준을 보면 100점을 목표로 노력했지만 80점을 맞으면 실패로 간주된다.

그러나 80점을 생각했지만 80점을 맞으면 성공으로 간주한다.

위의 예는 같은 80점인데 행복과 불행으로 교차한다.

이와 같이 목표 설정에 따라 행복과 불행이 갈린다.

죄책감이나 죄의식은 면역 체계를 약화시켜 병을 일으키고 참회하고 사랑을 실천하면 면역 체계를 강화시켜 건강해 질 것이다.

치료는 의지에 따라 좌우된다.

의지가 강하면 건강이 좋아지고 치료에도 효과를 볼 수 있다.

수련에서 잠재의식에 암시로 손에 뜨겁게 달군 쇳덩이를 올려 놓으면 손이 뜨거워진다.

위와 같이 암시로 얼음덩이를 놓아도 같은 결과가 나온다.

그것은 얼음덩이를 달군 쇳덩이로 받아들였기 때문에 마음이 물질화
되는 현상이다. 때문에 신념이 중요하다.

사람은 자기가 생각하는데로 된다는 말은 진리이다.

건강을 확신하고 건강해지는 것만 생각하라.

결과를 확신하라.

6. 에너지의 힘을 믿고 수련하라.

이것은 수련에 있어서 중요한 요소이다.

모든 것은 비물질(정신)에서 만들어진다.

건강을 위하여 지난날의 사고는 버리고 긍정적인 사고로 새 인생을 개척
해야 한다. 긍정적인 사고로 바꾸는 노력을 수련하는 것이 건강의 비결이다.

7. 치료 명상수련

증오하거나 미워하는 사람이 있으면 그 사람과 화해하고 이전과 같이
사이좋게 생활하고 있는 장면을 생각하면서 그렇게 된 것처럼 좋아하라.

그리고 병을 완전하게 치유한 장면과 활기차게 생활하고 있는 장면 그
리고 그 장면을 응시하면서 머릿속에서 이미 그렇게 된 것처럼 좋아하라.
그렇게 된 것처럼 명상하라.

8. 사랑의 공동체

가정이란 공동체를 비롯해서 크고 작은 모든 공동체에 사랑을 느끼려
면 서로 단결하고 양보하는 인간관계를 창조하면서 수련하여야 한다. 그
러면 다 같이 행복해 질 것이다.

사랑이란 존중하는 것, 참는 것, 친절한 것, 남이 하는 일을 간섭하지 않고 남이 싫어하는 일을 하지 않으며 성을 내지 않는 것, 앙심을 품지 않는 것, 자랑하지 않고 교만하지 않는 것, 무례하지 않는 것, 사욕을 품지 않는 것, 불의를 보고 기뻐하지 않는 것, 진리를 보고 기뻐하는 것, 사랑은 모든 것을 주고 모든 것을 믿고 모든 것을 견디며 모든 것을 있는 그대로 보는 것이다.

그러나 사랑을 받으려면 사랑해야 한다.

공동체에서 자신을 구속하고 과도한 욕심을 억제해야 행복하게 되는데 관심을 상대에게 돌리고 실천하는 의식이 있어야 한다.

인간은 사랑 없이는 건강한 생활과 성공적인 삶이 불가능하므로 사랑을 해야 한다. 사랑을 받았으면 감사를 드리고 감사를 드리면 감사할 일이 생긴다.

칭찬을 생활화하라. 칭찬은 전염성이 강해서 본인에게 메아리 쳐 되돌아오는 습성이 있다.

헐뜯고 욕된 소리를 하면 화가 되어 돌아오고 중상 모략을 하면 솜처럼 부풀어 돌아온다.

이것은 인과의 법칙이다.

옛 속담에 여자가 한을 품으면 오유월에도 서리가 내린다는 속담처럼 사람이 나쁜 짓을 하면 하늘과 땅의 나쁜 에너지와 부딪친다.

과거의 업이 현재생활에 나타나고 현재 업이 미래의 생활로 나타나기에 현재생활이 중요하다. 현재 불행하게 살고 있는 사람들은 진정 믿는 마음으로 수련하여야하며 현재의 생활은 전생의 자신에 삶에 결과임을 알라. 마음을 비우고 믿음을 달리하는 사람은 모든 형제자매 도반으로 받아 들여 가족애로 감싸주고 자신을 사랑하듯 서로 사랑하라.

사람을 만남에 있어 자신이 만난 사람들 중 한 번 더 만나고 싶은 사람이 있을 것이며 이 사람은 언젠가는 나에게 사랑을 베풀어줄 사람이 될 것이다. 사랑을 많이 하면 남이 나를 좋아하고 나를 만나보고 싶어하는 사람들이 많을 것이며 행복해질 것이다. 사람은 주는 것 없이 미운 사람도 있고 내것을 주어도 좋은 사람이 있다. 사람을 사랑하고 미워하는 마음도 쉽지 않으나 우리 인간이 꼭 극복해야 할 숙제다. 사랑하고 사랑 받는 사람이 되기 위해 수련이 필요하다.

수련: 당신이 남을 사랑하고 있는 장면과 이웃과 형제자매를 사랑하고 있는 장면을 명상하라.

9. 효심 효도

심성이 어질고 덕행이 높은 사람은 근본에 힘쓰며 근본이 확립되어야 길이 생긴다.

효도와 공손함은 바로 인을 이루는 근본이다.

효도는 의무이며 하고 싶으면 하고 하기 싫으면 안 할 일이 아니다.

부모에게 효도하지 않는 것은 제일 부도덕한일이며 부모의 피와 살을 훔친 도둑이다.

부모는 나의 뿌리이며 부모를 공경함은 하늘을 공경하는 것이고 부모를 학대하는 것은 하늘을 학대하는 것이다.

인간이 세상에 태어나는 것은 숙명적으로서 태어나며 자식의 육체는 낳아도 마음만은 낳을 수 없다. 그러므로 자기 자신의 마음에 들지 않는 용모와 신체를 부모 때문이라고 원망하는 것은 하늘을 원망하는 것이다.

제15품
성공의식 배양

목적 뜻을 이루기 위한 마음 자세를 말한다.

성공하기 위해서는 성공의식이 있어야한다.

우리는 우주의 지혜가 우리 안에 있고 우리들을 도와준다는 진리를 깨달아야 한다. 자기가 성공할 때 그것이 오직 자신의 능력에 의해 이룬 것처럼 생각 한다. 이것은 인간의 노력과 잠재의식을 통해 주는 영감, 직감, 예견 등 인간을 위해 창조한 물질(원자재)의 합작이라는 것을 깨달아야 한다.

① 목표를 정한다.

인생은 항해하는 배와 같고 인간은 선장이다. 목표의식이 없는 사람은 마치 기관이 고장 난 배와 같이 한평생을 표류하며 보내게 된다.

기관을 빨리 수리하여 배가 목적지에 도달 할 수 있도록 하기 위해 선 목표가 있어야 한다. 목표를 가지고 일을 할 때 잠재의식은 그 목표 달성에 필요한 지혜를 제공해준다.

② 자신감을 가져야한다.

자신감이란 자신의 능력을 믿는 마음이며 목표가 있어도 자신의 능력을 믿지 못하면 잠재의식은 그의 무한한 능력을 발휘하지 못한다.

다른 사람보다 못하다고 여기면 자신의 능력에 대하여 의심을 하게 되며 열등감은 자신감을 줄이는 원인이다. 자신의 발전을 위하여 타인과 비교하는 버릇을 버리고 자부심을 가져야한다.

성공을 위하여 자신감을 가지고 자신의 능력을 발휘하면 잠재의식은 필요한 지혜를 제공해준다.

③ 신념을 가져야 한다.

신념이란 결과의 대상이며 창조적인 목표가 있고 자신감이 있어도 하는 일의 성공적인 결과를 믿지 못하고 의심하면 잠재의식은 지혜를 제공해줄 수 없다.

건강을 위해선 건강을 믿어야 하고 병의 완치를 믿어야 한다.

완전한 치유인은 자기의 난치병도 고칠 수 있고 내가 우주 에너지를 받았다고 믿기만 하면 그대로 치유 될 것이다. 이는 성공을 실현시키기 위해 마음에 새기고 실천해야할 가장 귀중한 자세이다.

④ 기대감을 가져야 한다.

기대감이란 생각하는(마음먹은) 대로 된다고 예언하는 말이며 목표의식 자신감 신념 실현을 확실하게 해두는 마음가짐을 가져야 성공한다.

⑤ 사랑해야 한다.

사랑이란 성공적인 생활을 실현시키는 데 필요할 뿐만 아니라 성공적인 생활을 진행하는데 절대로 필요한 생활조건이다.

최후의 하루에는 내일이 없다.

최후의 날이 오기 전에 부지런히 사랑을 하라.

⑥ 감사 할 줄 알라.

감사한 마음은 행복을 만든다.

좋은 일 기쁜 일이 있을 때 감사드리면 더 큰 축복이 있을 것이다.

그러나 나쁜 일, 슬픈 일에도 감사해하면 더욱 더 큰 축복이 될 수 있다. 반대로 실패한 사람은 흔히 원망과 저주와 미움으로 세월을 보내면서 점점 더 불행한 사람이 되기 쉽다.

그러나 실패의 원인을 찾고 기회를 받아들이고 감사해하며 다시 시작한다면 잠재의식은 극복과 성공의 지혜를 제공한다.

인간은 성공이 있기에 실패나 불행에서 벗어날 수 있고 불행에 감사해하며 성공의 기회를 찾는다. 새로운 출발을 위해 필요한 조치를 취하면 성공의 기회는 얻을 수 있다. 환자는 감사하는 마음으로 수련하면 그 마음이 약이 되어 호전 될 수 있다. (행복은 작은 것에서 시작된다.)

⑦ 책임 의식을 가져야 한다.

사람은 자기가 할 일을 스스로 선택하는 존재이다.

실패로 끝이 난 일까지도 자기가 스스로 결정한 것이다.

누가 시켜서 어떤 일을 했는데 그 결과가 실패하던 성공하던 그 결과는 자신에 것임을 알아야 한다. 어떤 일이 실패로 돌아가도 자신이 책임지고 다른 사람에게 책임을 밀어놓지 말고 자기의 책임을 통감하고 새로운 대책을 찾고 노력하면 잠재의식이 새로운 지혜를 제공해주며 좋은 경험을 얻게 될 것이다. 건강하고 자유로운 사람은 자신의 행위에 책임진다.

⑧ 인내심을 가져야 한다.

인내심이란 참고 견디어 낸다는 말이다.

어렵지만 그렇게 못하면 인생의 낙오자가 된다.

성공한 사람은 인내심이 강한 사람이다.

성공한 사람들이나 군자도 하루아침에 이루어진 것이 아님을 기억하라. 그들도 좌절과 어려움을 잘 참아내고 뼈를 깎는 고통도 견디어 낸 결과이다. 어떤 과학자나 화가도 오랜 시간동안 노력하여 얻은 명성일 것이다.

시간이 흐르면 해결될 일을 성급하게 서두르다가 일을 그르치는 과오를 저지르는 일이 없도록 인내심을 가지고 수련 다한다면 잠재의식이 지혜를 발휘하여 성공을 위한 기초가 조성될 것이다.

제16품
우주에너지
사용법

1) 우주 에너지

정신과 생명체가 우주와 영으로 통하면 대뇌의 사령부에서 몸이 이탈하여 영혼은 우주에 에너지를 파장으로 전달한다.

우주학교는 깨달음의 장소이고 참(진.선.인)된 마음으로 공과 덕을 수련하는 장소이다.

상념으로 선생님을 모시고 가르침을 청하면 선인이 나와서 가르침을 주신다.

상념의 대화: 자문자답의 방법으로 가르쳐주면 자연히 깨달음에 도달한다.

우주 에너지 병원에 가서 응급치료를 받을 수 있고 장애 없는 영성수술로 인체기관을 새 것으로 바꿀 수 있고 병에 따라 약을 먹을 수도 있고 고급 에너지로 수련 받을 수도 있다.

우주 에너지 학교에서 병의 진단과 수술 약학을 배울 수도 있다.

신시 잠에서 양과 음이 교류되는 과정에 깨닫고 공능이 나온다.

비행접시에 정보를 보내고 신호를 접수받을 수도 있다.

서로 상념의 대화를 할 수도 있다.

신시를 확대 할 수 있으며 다른 행성과 서로 정보를 교류 할 수도 있다. 의염, 염력, 지력, 덕력, 통일체 되어 염력으로 원신 법신이 통일체를 이루고 생체 우주 미마(자신의 파장)에 따라 선로가 이어지고 우주여행 표를 갖게 되며 수련 중 높은 덕으로 공덕을 많이 쌓은 사람은 시험 합격 중 졸업 증명 등 선인의 자격증서가 내려온다.

공덕을 제공하고 원시 생명의 자신과 같은 사람으로 복제도 된다.

우주학교에서 우주언어 우주 글 예측을 배우고 실습 선생으로 배출 된다.

수련 중 우주 지휘부에서 우주생체 유전자 미마(자신의 파장)를 총 지휘부 사유의식수준에 들어가 고급 에너지를 받을 수 있으며 마음수련에서 깨달음의 정도에 따라 차원이 오르면 공능이 나온다.

깨달음은 내가 누구인가 무엇을 해야 하는가 그리고 다음에 내가 할 일을 알게 된다.

명상 수련은 육신의 감응이 아니고 정신의 감응이고 오감 감지가 상승 되면 촉감 공능이 형성 되어 하늘과 마음이 통하면 빛이 나고 영혼 에너지 집단이 형성되고 성인의 집단으로 9개 궁전이 이루어진다.

영혼이 유전 미마의 발전 성격 운명에 따라 결정 양성되고 음과 양의 공능이 구별된다.

공과 에너지 량에 따라 동력, 염력, 광력, 전력원 기계 등 이것이 음성 공능이며 생체기능을 발굴하는 것이다. 빛의 속도로 수련된다.

우주 공허의 태양 에너지 량이 바다 밑에 많다.

우주의 물질을 작게 할 수 있고 시간을 앞당길 수도 있고 미마(파장)에 따라 신호를 알아 낼 수도 있다.

2) 에너지 사용법

어떤 사람은 천목에서 에너지가 회전하거나 구름같이 천목이 열리는 것을 눈으로 볼 수 있고 선인도 볼 수 있다.

통로가 넓고 밝음 정도에 따라 기능과 차원이 다르다.

천목을 열어주는 것은 우주 광경을 보고 믿게 하려는데 있다.

검은 동굴, 우물 같이 보이거나 천목의 하얀 통로로 물건을 바라보면 열린다.

처음엔 한 덩어리 에너지 빛이나 근육이 보이고 근육이 당겨 안으로 들어가는 것 같이 앞이 갈라지는 감, 아픈 감에서 무의식중 앞이 보이면 수 천리를 무심히 바라보면서 집착 하지마라. 자신에게 보이는 거울은 누구에게나 다 가능하다.

검으면 에너지 빛으로 비추어 보라. 에너지가 적으면 반사 하지 못한다. 송과체를 열어주는 것은, 우주이고 이어주는 것은, 타원형 원형이다.

이 통로를 연마하면 둥굴게 된다.

선인의 지시에 따라 수련하는 것이 제일 안전하다.

땀구멍이 모두 기억장치이고 눈이다.

천목이 주요 통로이다.

우리들이 우주 공간을 못 보는 것은 통로에 병풍처럼 에너지가 막혀 있다.

병풍을 내리면 햇빛이 들어오고 통로가 확보된다.

빛과 고급 에너지 법신으로 치료한다.

심성(心性)에 의해 연마하며 덕에 따라 높아지고 우주 공간의 물체로 원상태대로 복제시킨다.

낮의 기능은 별 쓸모가 없다.

자기를 강자로 나타낼 따름이다.

3) 외 동 내 정

(1) 전의식 활동으로 움직이면서 에너지 량을 충전하면 마음에 음과 양의 조화가 극에 달하며 생각과 마음이 밝아지고 숨 쉼이 고르게 되며 정기를 몸에 들여 무의식 수준에 이르러 입정에 도달 할 수 있으며 우주의 지혜를 얻어 여러 가지 기능을 개발하게 되는 것이다.

(2) 전의식과 우주 파장으로 서로 교류하면서 5장 6부로 하여금 빛으

로 평형을 이루고 에너지를 충전하여 건강하도록 세포를 재생시킨다.

(3) 전의식은 빛을 가진 생명체로 서로 상념의 대화를 통해 잃었던 기능을 되찾아 어린 아이처럼 순수한 자연 상태로 회복하며 수련으로 백회가 숨 쉬는 상염으로 에너지를 몸에 들어 마시고 내쉬며 원시생명을 되찾는 것이다.

(4) 전의식은 만능기계로서 상염만 하면 생각한대로 은하수, 연꽃, 빛 , 해, 달, 별로 5장6부에 빛을 뿌리며 우주별과 통일시킨다.

(5) 외동은 움직이면서 고급에너지로 경락을 개통하는 공정이 시작된다. 손수레, 자동차, 기차, 비행기, 우주 비행선을 통하도록 길을 넓혀 속도와 효율을 높인다.

(6) 처음에는 아프거나 메스거운 것은 열기가 생겨 위로 밀어 올리는 압력에 의한 것이며. 단련하거나 평형을 이루면 소멸된다.

(7) 치료되는 과정에 에너지가 들어가서 병든 부위의 사기를 제거하므로 몸이 더 아플 수 있다.

에너지 흐름이 원활하면 아프지 않고 통하지 않으면 아픈 것이다.

둔하면 냉한 상태이다.

어릴 때 혈을 상하면 후에 반드시 발병한다.

우리 머리는 기억이 지워지지만. 몸에 저장된 기억은 지워지지 않는다. (오래된 것까지 기억 한다.) 우주의 에너지가 경락을 통하는 과정에 더 아플 수도 있고 수련을 하는 과정에서 고통이 소멸된다.

아픈 곳에 에너지가 도착하면 파동이 생기고 아픔이 나타난다.

아픔은 좋은 현상이다.

사기를 밀어내면 아픔이 소멸된다.

열리면 통하고 통하면 에너지의 흐름이 원활해져 아픔이 소멸된다.

염력 천4계에 오르려면 천사처럼 마음을 비워 참다운 마음에서 몸이 정묘체로 되어 자비가 풍만하면 영체가 청백체로 되어 청령계에서 수련을 하여 윤회를 되풀이하지 않고 영계에 세계와 천상계를 여행할 수 있다.

(8) 정법을 깨닫고 마음이 조화되면 차원이 올라 천3계 천4계 실제 상태를 자유롭게 볼 수 있다. (다시 말하면 이것이 곳 불교에서 말하는 천안

통이다) 현상계 생명체에서 광 자주를 분리하면 조상을 만날 수 있고 지혜와 법술을 배우고 몸 의식을 바꾸어 마음으로 인간의 내장과 골격 마음 등 모든 현상을 그대로 판단하고 마음의 상태나 생각을 기록 된대로 다시 되풀이 상영할 수 있다.

(9) 우주의 에너지로 육체에 광 자주를 분리하면 즉석에서 파장으로 염력투시 침 혈 진단 등을 할수 있다.

(10) 천사 같은 사랑이 충만된 상태에서 세상을 깨달은 자만이 육신도 금단 공능이 없어지고 무 상태에서 몸과 마음 세포가 산산이 흩어져 다른 물체로 변하면서 공이 되어 하늘 공으로 이루어진다.

4) 외 정 내 동

(1) 몸 외부는 정을 이루고 몸 내부에 에너지가 자동적으로 움직이면서 24시간 운행하면서 우주 미마에 따라 천4계 고급에너지로 몸을 정화시킨다.

(2) 염력의 힘은 상염 하면 천4계 에너지의 영양소로 우리를 키워주고 5장 6부를 바꾸어 주고 차원이 높으면 몸은 다른 물질로도 변위 과정을 거친다.

(3) 외 정 내 동하면서 부르면 오고, 오면 가르쳐 주고, 물으면 답하고 상념의 대화로 수령자를 달련시킨다.

(4) 몸속의 생명체와 우주규율이 일치되면 법광, 불광으로 수련시켜 수행의 차원이 달라진다.

(5) 에너지가 충만하면 밖으로 수련시키고 몸의 평형을 유지시켜 운명이 바뀌며 복과 지혜가 양득한다.

제17품
수련지점

우주 에너지가 많이 집중된 성지나 명산이 좋고 자신의 감각이 좋은 곳이 자기와 파장이 맞는 곳이다.

에너지량이 많은 곳에서 수련하면 효과가 좋다.

자시나 오시가 음양이 생화하고 동지 후 양이 오르고 음이 쇠약하는 시기이며 하지부터 양기가 쇠약해지고 음기가 올라 동지에 가서 음기가 제일강한 시기라 매일 초하루 15일이 천지(天地)가 교합하는 시기며 매년 1월 1일, 3월 3일, 3월 15일, 4월 8일, 5월 2일, 5월 5일, 7월 7일, 9월 9일, 10월 3일, 천지(天地)가 개통하는 극화주기이며 새벽2시 3시에 파장이 잘 들어오는 시간이므로 이럴 때 수련하면 에너지 양이 많아 효과가 좋다.

(1) 공법

공법은 수단이며 공력과 공리가 관건이며 공법 속에 공리가 있고 공리 속에 공법이 있다.

(2) 공효

공효란 수련효과이며 병을 치료하여 건강장수하며 먼저 자기를 수련하고 후에 남을 위해 사회에 봉사하기 위해 공헌하는 것이다.

(3) 공덕

수련에서 기초는 덕이며 덕에서 개발되고 공덕을 높이면 에너지 공력이 높아진다. 좋은 일, 좋은 말, 좋은 생각, 좋은 사람 등 참마음에서 덕이 높아진다.

새로운 인생길을 개척하여 참된 사람이 되고 우주법칙 인간법칙으로 인생을 살아가며 고생 끝에 낙이 오고 나쁜 마음으로 부유해지는 것은 척으로 오는 것이며 척이 모여서 죄가 되어 대대손손 해를 보는 것이며 이것은 인간의 법칙이며 무슨 일이나 본심과 진실하게 일을 처리하고 남과 내가 하나가 되게 하는 것이 수련이다.

제18품
우주 에너지
공능 개발

1) 두 손 마찰 법:

두 손을 마찰하면서 36, 72, 108번을 비벼라 에너지의 빛이 들어온다고 생각하며 손바닥에서 냄새가 날 때까지 비빈다.

그 다음 환부에 대고 에너지의 빛을 발사하면서 (통증아 사라져라) 하고 외운다.

2) 냉氣 에너지개발:

빙산 설산 백두산 폭포에 가서 물속에 손을 담그고 차가운 감각을 느껴 머릿속으로 수기청백색 빛을 차가운 감각과 느낌을 생각하면서 차가움을 반복해서 생각하고 그렇게 느껴라.

3) 온氣 에너지개발:

태양, 용암, 온천, 불길에 손을 넣고 머릿속으로 뜨거운 감을 느끼며 빛이 몸의 하단으로 들어온다고 반복해서 말을 하며 생각하라.

4) 개합식:

크게 숨 쉬며 두 손을 머리위로 폈다 내렸다 하면서 에너지 기량이 늘어나는 것을 느끼고 키우며 상염한 에너지의 빛광이 백회를 통해 들어와 척추를 타고 내려가 하단전에 모으고 손바닥으로 감각을 느끼며 반복해서 수련하라.

손을 열고 좁힐 때 숨을 들이쉬고 내쉬면서 에너지가 들어와 우주의 에너지와 자신의 에너지가 융합되어 손바닥을 통해 빛이 방출된다고 상염 한다.

양손을 당길 때 자석처럼 서로 당기는 듯 한감을 느끼고 양 손바닥을 합칠 때 양 손바닥 사이에 풍선의 저항력을 느끼며 숨을 들어 마실 때 단전에 모으고 내쉴 때 탁기가 모인 곳(아픈 곳, 병이있는 곳)으로 방출하라.

손바닥에서 청백색 빛이 방출되고 손바닥이 전기에 감전된 것처럼 찌릿 찌릿한 감을 느끼거나 다른 느낌이 있는 것이며 상염으로 한 손은 병든 부위에 대고 반대 손은 머리위로 올려 병든 부위가 편안해진 것을 느끼고 확장해서 청백색 에너지가 환부에 들어가 치료하고 순환하는 모습을 상염 하라.

5) 추수식 머장:

두 손을 허리 높이로 올리고 숨을 내쉬면서 양 손바닥을 수평으로 내밀며 손가락 끝이 위로 향하고 숨을 들이 쉬면서 양 손바닥을 거두어들일 때 청백색 에너지 빛이 백회를 통해 몸으로 우주에너지를 흡수하여 하단에 모으고 숨을 내쉴 때 손바닥으로 자신의 에너지와 우주의 에너지 청백색을 합해 방사되면 목표를 정해 발사하라.

6) 에너지 회전식:

두 손에 에너지를 안고 볼 돌리듯 시계방향으로 돌리고 후에 반대방향으로 돌리며 또 반복해서 좌우로 돌려 두 손을 조금 몸에서 떨어지게 하며 숨을 깊이 들이쉬면서 백회로 우주 에너지 청백색을 받아 하단에 모으고 숨을 내쉬면서 청백색 에너지를 손바닥으로 방출시키면서 손바닥 감각을 느낀다.

태극 빛이 가슴 복부 하부 5장6부에 각기 나누어 치료할 수 있다.

5장6부의 균형을 되찾으면 치료되는 것이다. 치료된 건강한 모습을 상념하라.

7) 양손채천공:

양손으로 우주를 안은 자세로 하늘을 향하고 하늘을 찌르는 자세로 숨을 내쉴때 사기가 코, 입, 손바닥으로 방출되어 나가는 장면을 상념하고 숨을 들이 마쉴때 배는 내밀고 숨을 내쉴때 배를 줄여 자연스럽게 한다.

8) 양손 채지기법:

천천히 허리를 굽히고 두 손은 땅바닥을 향하고 몸의 사기는 코, 발, 입으로 나간다고 상념하고 숨을 들이마쉴 때 신기는 손바닥과 백회를 통해 들어와서 하단에서 모이는 장면을 상념하라.

9) 양손 채천지기:

두 손은 하늘을 향하여 천기를 들이 마쉬고 숨을 내리쉴 때 허리를 굽히면서 두 손으로 지기를 들어라 반복해서 하단에 모아라. 숨을 들이마쉴 때 손과 발을 통해 하단에 모으고 숨을 내쉴때 백회와 손을 통해 병든 곳에 모아라.

제19품

숲 명상

1) 삼림욕:

양팔을 45도 각으로 벌려 우거진 나무를 향하고 숨을 깊이 들이마실 때 청백색 에너지를 백회로 들여 마서 하단에 채우고 숨을 내쉴 때 손바닥으로 청백색 우주 에너지를 병든 부위에 발사, 수림 속의 청백색 우주 에너지는 산을 이룬다. 숨을 들이마실 때 그 수림의 청백색 우주 에너지을 청백색을 받아 드려라.

2) 채 목기:

두 손은 나무를 안고 코와 피부 몸으로 나무의 에너지를 들이마서 하단에 모으고 두 손을 합할 때 이산화탄소를 코, 피부, 몸으로 방출시키고 손을 벌릴 때 숨을 들이마시면서 하단에 모아라.(고혈압, 간, 천식에 효과가 좋다.)

3) 두 다리 암마식:

허리를 굽히면서 양손으로 신장을 가볍게 두드리고 엉덩이, 허벅지, 무릎, 종아리, 발목 순으로 두드리거나 다리의 바깥 부분 방광경, 담경, 위경을 가볍게 두드린다.

4) 허리 두타법:

허리를 펴가며 발목, 종아리, 무릎, 허벅지, 엉덩이를 손으로 가볍게 두드리고 다리 안쪽부분 경락의경, 신경, 비경, 간경도 가볍게 두드려라.

5) 소나무 채기식:

동공 소나무 밑에서 조금 떨어져 앉아. 숨을 크게 들이마시면서 양손을 소나무에서 떨어지게 하고. 숨을 크게 들이마시면서 손바닥을 벌릴 때 소나무의 기가 손바닥과 피부와 로궁을 통해 들어와 병든 곳에 모아 자신의 에너지와 융합한다.

숨을 크게 내쉴 때 양손을 소나무와 접근시킨다.

숨을 크게 내쉬면서 양손 바닥을 합할 때 몸속의 이산화탄소가 코와 피부와 손바닥을 통 배출된다고 상염한다.

손바닥의 開合式을 반복한다. 효과: 손바닥을 열고 닫으면서 얻은 에너지의 물질은 간염 고혈압 천식에 좋다.

6) 잠재의식:

잠재의식과 뇌척수와의 관계 어떤 감각이나 뇌세포에 각인되면 그것은 영구적인 잠재의식에 남아있게 된다. 치료한다고 없어지는 것이 아니고 위로한다고 고쳐지는 것이 아니다. 마음이 그리 쉽게 고쳐지는 것이 아니다. 이것은 마음이 뒤집어져야 비로소 고칠 수 있는 것들이다. 우리가 무엇이던 기억하고자 할 때 자신의 세포에 방전이 일어나 기억이 재생되어 현재의식에 들어온다.

우리가 수련하는 과정도 수련된 상태도 뇌세포에 각인 되어 영구적인 인상으로 잠재의식에 남아있게 된다.

언제나 치유를 하겠다고 생각할 때 잠재의식에 의해 뇌세포가 가동되면서 치유 기를 사용 할 수 있다

뇌세포는 자율적으로 생활 전반에 관련하고 있는데 반하여 척수는 뇌수로부터 보내오는 신호(정보)를 반응하나 치유 기는 외부의 자극에만 부분적으로 반응을 하게 되고 기의 응집체인 육체가 정신에 영향을 주고 있는 반면 정신은 뇌척수 계를 움직이고 뇌척수 계는 생명력인 에너지를 움직인다.

7) 척추와 뇌 와 5장6부 관계:

(1) 척추

척추의 양옆 31쌍의 신경과 5장6부가 연결되어 있어 척추에 치유 우주에너지를 넣어주면 치료가 된다.

31대 척추신경: 경추 8대, 흉추 12대, 요추 5대, 선골 5대, 미려 1대 척추신경은 척추 안에서 시작하여 온몸에 분포되어 치유하면 세포의 불균형 상태를 바로잡아 치료 할 수 있다.

염력과 에너지감각: 5행성에 가서 5행성 에너지와 일치되어 5행성 에너지를 모으며 신호를 받아라.

(2) 木목氣기 에너지:

이마에 왕관을 쓴 것처럼 머리 둘레의 에너지의 파동이 느껴지고 에너

지가 위로 뻗어 올라가는 감각 손의 근육이 풀리거나 찌릿찌릿 한 감각을 느낄 수 있다.

(3) 火화氣기에너지:

머리카락이 피부에 직접 닿지 않으면서 머리카락 위로 아지랑이 같이 피어오르며 머리카락은 안개처럼 어른거리듯 감싸이는 감각과 손에서 혈액이 왕성해지는 감각 등.

(4) 土토氣기 에너지:

머리 뒤에는 납작하고 둥근 나무판으로 눌러 납작하게 된 듯 한 감각 손의 안쪽 살이 팽창하여 부푸는 감각.

(5) 수氣에너지:

머리 위 정상 부분인 백회를 중심으로 상투가 막대기 같이 뒤로 뻗어 당겨지는 감각 손톱이나 손뼈가 움직이는 감각.

(6) 삼초氣기 에너지:

에너지가 머리 백회로 들어와서 척추를 타고 발 아래로 내려가는 것을 느끼면 사기가 제거되며 머리와 상처가 아주 가볍다는 감각이 있다.

(7) 골氣기 에너지:

척추와 골격에 힘이 차서 넘쳐나는 감각을 느끼고 힘 138 마음으로 보는 명상학이 완성되는 감이난다. 전신의 뼈가 울리며 머리의 뼈가 조여드는 감을 느낀다.

제20품
우주 에너지와 명상수련(1)

1) 두 손을 합장하고 팔꿈치 끝에 정신을 집중하라.

잠시 후 백회에 정신을 집중하고 백회로 호흡하면서 우주 에너지를 받아 들여 하단 단전에 모았다.

에너지가 충전된 후 하단 회음부 1번 차크라에 들어가 척추를 따라 올려 백회로 올리고. 숨을 들이 마실 때 백회를 통해 들어와 하단 단전에 모으고 내쉴 때 하단 회음부 1번 차크라로 내쉰다.

2) 의염

생각으로 자신을 몸에서 이탈시켜 앞에 앉히고 숨을 들이 마실 때 하단까지 내리고 숨을 내 쉴 때 우주에 보내고 정지 상태에서 우주와 선로가 이어져 소우주 와 대우주가 정신통일 되어 한 정체로 이루게 한다.

3) 우주 에너지에 앉아 정신은 천목에 집중한다.

   호흡을 백회로 들어 마시고 천목으로 보내고 인당으로 보내 에너지가
점점 커지는 것을 상염하면서 니완궁에 에너지를 채워라.

4) 정수리에 집중하면서 니완궁에 우주 에너지를 가득 채우면 백회로 분
수처럼 에너지가 넘치며 전신에 퍼진다.

5) 숨을 깊이 들이마시고 내쉴 때 정지 상태는 순간 죽은 상태이다. 이
순간 원시생명을 찾는다.

   정지 상태에서 무심히 우주를 바라보면 된다.
   숨을 들이마시면서 우주와 하나 되고 정지 상태에서 죽은 사람처럼 몸
에서 이탈시켜라. 유체의 숨을 죽이고 돌처럼 굳어 버리면 원시생명으로
어린 동자가 되어 원혼으로 복제된다.

6) 천목에 정신을 집중하면서 잠자는 상태로 두 눈과 천목에 고정되면 움직
이지 않고 천목은 자석처럼 집중력으로 에너지를 끌어당기면서 천목으로
호흡해서 끌어들인다.

7) 감각의 문을 닫는 법:

   눈을 감고 그대는 맹인이라서 볼 수가 없다. 귀머거리여서 들을 수도
없다고 상염하고 호흡을 멈춰라. 모든 감각은 호흡에 의해 잠시 멈춘다.
돌처럼 굳어질 때 자신의 무력 중에서 자신의 몸무게를 느끼지 않을 때
인간의 의식을 초월한다.

8) 개미가 기는 감각을 느낄 때 숨을 죽이고 감각의 문을 닫고 숨을 죽인
상태에선 몸에 통증이 일어난다.

파트너는 즉시 에너지를 수련자에게 보내 주면 미묘한 진동수가 나타나면서 잠시 통증이 사라진다. 無념으로 지켜보면 자신의 마음중심이 바로 잡히면서 몸에서 정신이 이탈되어 우주로 원시생명을(여행을) 찾으러 간다.

9) 몸이 아플 때 정신을 아픈 곳에 집중하면 초점이 보이고 고통이 없어진다.

우주 에너지의 감로수가 가득 찬 마음으로 몸의 아픈 부분을 침으로 찌르며 의식은 그 상처 속으로 깊이 들어가서 스스로 치료한다.

침이 깊이 들어가는 순간 고통이 일어나는데 그대와 통일시키지 말고 침과 함께 몸속으로 들어가라.

침을 찌르면서 몸이 고통 속에서 행복을 느낀다. 침으로 찌르는 행위 속으로 들어가면서 내면의 순수를 얻는다.

그대가 자신의 육체가 아니라 정신인 것을 느끼게 된다.

10) 우주 에너지에 가서 공작새를 상염해 보라.

인체 5관을 밀봉하고 정신 5감에서 아름다운 5색 색채를 생각하면서 그 내면에 들어가라. 초점이 사라질 때까지 상염하라.

11) 우주 에너지가 인체 7문을 몽땅 막고 천목을 집중하면서 내시하라.

문을 막으면 다른 의식이 흐르지 못하며 제3자가 출현 된다. 전 우주세계의 내면에 태양, 달, 별, 전 우주세계가 보인다.

12) 7성 구멍을 막고 있으면 두 눈 사이에 있는 명문이 열린다.

그 공간은 우주 전체의 공간이며 연꽃의 중심에 이른다. 죽은 것처럼 느낄 때 천목 앞이 밝아지고 몸 내면에 집중하면 5장6부를 볼 수 있고 하나를 알면 전체를 알 수 있다.

13) 자신의 몸 골격 신경세포 전체가 연꽃으로 확대되어 정신은 뿌리 속에 들어가라.

실타래처럼 섬세한 신경이 척추 속에 있다. 척추의 중심에 머물면 변화가 일어난다. 연꽃뿌리로 확장하면서 전 우주를 뿌리 속에 넣고 해, 달, 별을 받아 드린다. 연꽃 뿌리를 줄여 없어질 때까지 줄여라 그렇게 하면 무극상태에 이르게 된다.

14) 외 동 내정:

몸을 상하로 좌우로 천천히 움직인다. 몸이 평형을 이루면 중력의 방향과 수직되는 점이 있다. 척추를 곧게 펴 수직이 되어 중력이 미치는 힘이 적어 육체감각을 느끼지 못할 때 음성세계에 이른 것을 깨닫게 된다. 그런 상태에 어린 동자로 되어 그 자신의 어린 시절 동년시절을 기억하고 기억이 점점 뒤로 뒤로 미루어지면서. 전생 미래로 돌아가 기억한다.

15) 우주 에너지의 원천은 음과 양이 내 자신의 감정이다.

그대의 감정 축을 중심에 돌려라. 무공에 접근하면 대상을 정해 집중하라. 그대의 의식이 오직 하나의 대상으로 기쁨과 흥분에 에너지가 가득차게 된다. 그것마저 떠나고 잊어버린다. 만약 대상이 연인 스승 성인 장미꽃이면 며칠이 지나도 그 속에 밀려들어간다. 이런 과정에 장미꽃을 만나고 모든 것이 사라지고 이 세상도 사라진다.

16) 장미꽃 대상도 무를 위해 잊어버리고 장미꽃 향기를 느껴라.

냄새를 맡아 보라. 꽃에 얼굴을 대고 의식이 장미꽃 속으로 끌려 들어가라. 꽃으로 되라. 사랑에 빠져라. 장미꽃과 일치 되라.

17) 어머니 가슴을 생각하면서 우주 에너지를 빨아들여라

그러나 빠는 자로 남지 말고 우주 에너지와 하나가 되라.

18) 돌아가는 수레바퀴를 보고 상염으로 그 속에 들어가라.

수레바퀴가 멈추어도 의식은 계속 돌아간다. 그 내부의 미세한 회전(진동이)몸이 아니라 마음에 의해 움직인다.

속도를 늦추면 중심에 이른다. 중심이 바로 잡히면 우주의 문명에 이르고 자동적으로 우주의식에 들어간다.

19) 연꽃 위에 앉아서 어린 동자가 되어 어린 시절 과거 현재 미래를 회상하면서 과거 모습과 현재 모습이 일치되면 거기에 초월의식과 기적이 나온다.

과거의 일을 제3자처럼 영화를 보듯이 기억하면서 명상해 보라. 매일 낮의 일을 밤에 다시 기억하면서 방관자로 지켜보아야 한다.

화내지 말고 두려워하지 말고 칭찬도 즐거워도 하지 말고 수천리 수만리를 무심히 바라보면서 지켜보라. 매일 이렇게 명상하라. 꿈은 낮에 일을 해결하며 공능태에서 의지를 인도한다.

20) 수식관

1부터 100까지 소리내어 외우고. 100부터 1까지 외워라. 1부터 외우면 올라가는 감이 나고 1은 최초의 수로서 1부터 시작하고 1로 끝나며 1에서 다시 시작한다.

1은 통일성이며 유일성 전일성 개체이며 하나의 원형인 에너지로 따라가 여러 만물이 성장 된다.

1부터 올려 세면 복잡성이 급격히 증가되고 취급하게 됨에 따라 음성 세계에 자연히 들어가서 무한한 우주세계의 무수한 개개의 피조물과 서로 대응하게 된다.

1의 숫자는 인간이 마음대로 생각한 것이 아니고 인간이 볼래 1의 성격에 지배되고 있다.

1의 숫자가 커짐에 따라서 복잡성이 급격히 증가되고 100부터 1까지 작아짐에 따라 단순 하게 된다는 수의 의미며 10부터 1까지 세면 정신이 집중된다.

1을 상상하는 순간 정신을 집중하면 정신이 집중 되고. 1부터 올려 세면 태초부터 하늘땅이 나뉘어 양극 4상 8괘 64괘에서 세상만물이 결국 하나로 통일 되어 1로 끝나고 무에서 더 높은 의식차원이 시작 되어 여러 갈래로 나눈 모든 만물이 흩어졌다 하나로 뭉치게 되는 우주규율의 숫자이다.

21) 전생요법

아침부터 밤까지 일을 순서대로 기억하라. 천천히 마음에 기억하고 뇌에 모든 정보를 기입해 놓았던 것을 녹음기처럼 풀어놓으면서 다시 기억한다. 아침 일찍 일어나 저녁부터 아침까지 일을 기억하는 수련을 하면 100일 후에는 저녁 꿈과 생각이 통일되어 통찰력이 영감으로 과거 미래 일을 알 수 있다.

이렇게 수련하면 어머니 자궁 속에서와 전생도 다시 볼 수 있다.

제21품

우주 에너지와
명상수련(2)

1) 태양 속에 앉아 있어라. 태양 빛과 정신이 하나 되라.

태양광선이 그대의 몸을 통과하여 8만 4천개 땀 구멍을 연꽃처럼 활짝 개방하여 태양 빛을 몸에 가득 받아들이고 숨을 들이마실 때 땀구멍이 개방되어 들이 마시고 숨을 내쉴 때 몸에서 태양광선이 방사되는 것을 상염 하라.

2) 음과 양의 교류에서 숨을 들이마실 때 항문(괄약근)을 수축시키면 음과 양이 교류된다.

우주 에너지는 우리 몸에도 전신에 전류가 흐르고 있다.
황홀한 기분을 느낄 때 영성우주 에너지와 통일된다.
에너지가 충만 할 때 푸른색 빛이 나타난다.
우주 에너지가 넘칠 때 몸은 영성과 음과 양이 원을 이룬다.

3) 하나의 물방울을 확대하라.

물방울 속에 들어가면 물과 정신이 하나 되라.
강을 만들어라 강을 확대시켜 홍수로 만들어라.
산을 확대하라.
산맥을 이루어라.
한 물체를 마음의 눈으로 확대하면서 땅 밑에 들어가는 생각을 하면서
무심히 바라보라.

4) 글자를 생각하면서 소리 나는 것을 상염하라.

소리가 울리는 처음부터 마지막까지 세밀하게 지켜보라.
소리의 중심 속에서 글자의 초점을 맞추고 소리를 들어라.
백두산 폭포소리에 젖듯이 소리의 중심 속에서 소리를 들어라.
소리와 하나 되어라.

5) 입을 가볍게 열고 혀의 중심에 마음을 집중하고 그리고 호흡을 들이마 실 때 침묵 속에서 웅, 음, 엄 소리를 하며 귀의 중심에서 소리를 잡아라.

하나하나의 소리를 분리하라.
주관적으로 글자들의 단어 속으로 들어가 단어로 문장을 만들어 문장
중심 속으로 들어가라.

6) 왼쪽 식지로 귀를 막고 우주 성파 소리를 들어라.

소 울음소리, 새소리, 닭울음 소리, 발자국 소리, 자동차 소리, 전기 소
리를 귓전에 들어라. 두 귀를 손으로 막고 항문(괄약근)을 수축하면서 올
려 모든 것을 멈추며 그 소리 속으로 들어가라. 그 소리를 통해서 모든 소
리 속으로 들어간다. 그러면 소리는 점점 작아지고 소리에 따라 그대의

느낌이 역시 침묵의 조화 속으로 음성 세계로 깊이 들어간다.

7) 정수리에 우주 에너지의 3갈래 빛을 척추에 들이어 올려라.

항문을 추거 올려 척추 혈로 올려 중추까지 올려라. 척추가 빛을 뿌린다. 빛으로 가득차게 되면서 척추에 통로가 생긴다. 한숨에 한마디씩 항문을 수축시키며 올려라.

8) 몸에서 영혼이 이탈되어 죽은 조상 친우/친족을 보라.

낯선 사람처럼 바라보라.
친구가 낯선 사람이 될 때 낯선 사람도 친구가 될 수 있다.

9) 번갯불이 치는 것을 느낀다.

번개 불을 상단 머리에 돌려 하단에 모아 어린아이처럼 만지기 쉬운 대로 몸을 움직이며 만져보아라.

10) 연꽃을 빛과 향기의 감촉과 달콤한 향기를 맛보면서 노래하며 바라보라.

연꽃과 일치 되라. 연꽃잎 1천개 잎이 開花 되었다. 연꽃 빛이 나의 몸에 방사된다. 이 빛을 중추신경에 비추어 중추가 7색 빛으로 광을 낸다. 연꽃 시선을 지우면 허공에 떠오른다.

11) 화장터로 가서 불타고 있는 시체를 바라보라.

시체가 타서 연기로 되어 하늘로 올라간다. 불에 타서 재가 되었다.

허상만 재로 되고 전의식은 연기를 타고.구름이 되어 우주 허공으로 올라 이성 세계와 일치된다.

12) 눈을 감고 마음의 눈으로 내면세계를 세밀하게 내시 하라.

눈을 감고 한 물체를 볼 때 집중하면 눈동자가 고정된다. 눈을 통해 내면에 들어가면 진상의 진면모를 볼 수 있다. 만물을 볼때 재질을 보지 말고 처음 보는 것처럼 무심히 바라보라. 두 물체를 볼 때 한 물체를 먼저 보면 어느 순간 다른 물체도 보인다.

두 물체를 동시에 볼 수는 없다. 한 물체 속에 다른 한 물체가 있다.

스승은 항상 마음으로 공과 에너지를 전수하며 도를 가르친다.

13) 구름 넘어 푸른 하늘을 무심히 바라보라. 허공 속에 구름이 되라.

구름 넘어 암흑 속으로 들어가서 허공과 일치되면 끝이 없는 허공으로 깊이 들어갈 수 있다.

그대의 눈은 마음의 거울이며 어떤 물체나 반사되어 비출 수 있다.

좋은 사람이 옆에 있으면 기쁘고 사과를 생각하면 군침이 돌고 슬픈 사람을 생각하면 슬프고 기쁜 사람은 기쁨이 반사된다.

스승의 가슴과 마음의 그 비밀을 마음으로 비추며 전달한다. 깊은 우물 속을 응시하면 거기에 비밀이 보인다.

그대 마음속에 전 우주, 해, 달, 별이 있을 때 깨닫게 된다.

14) 눈으로 우주 에너지를 발사하면 염력의 파동으로 상대방의 생각을 멈추게 한다.

계속 광채를 통해 흘러 보내면 그 사람을 변화 시킬 수 있다.

제22품
우주 에너지와
명상수련(3)

1) 수련하는 접수태에 앉아서 마음을 고요하게 하고 눈은 코등이 보일 듯 말 듯 한 상태에서 들이마시는 숨은 끊어지지 않고 길고 넓게 쉬고 내쉬는 숨을 조금씩 아주 미미하게 하여 에너지를 단전에 항상 머물게 하라.

내쉬는 숨은 임맥 하단에 모으고 들이마시는 숨은 백맥을 통하여 입까지 올린다.

2) 들숨과 날숨에서 정지 상태 있다가 내쉴 때 소변 볼 때처럼 하단으로 내려 보낸다.

에너지의 감각과 느낌이 가슴에 꽉 찬 듯하거나 뱃속이 찌르는 듯 아프거나 우레와 같은 소리를 내며 무엇인가 내려가는 느낌이 있을 것이다.

3) 눈을 감고 입을 다물고 혀를 입천장에 붙이고 하나부터 64까지 천천히 세어 나간다.

64부터 1까지 내려 세면 하나가 둘을 낳고 둘이 넷을 낳고 넷이 여덟을 낳고 그렇게 64괘에 이르면 만가지 어려운 일을 수습하여 아무것도 없는 원시생명 자연으로 돌아가는 것이 선도이다. 잡념을 버리고 무로 돌아가서 항상 무념의 상태가 되고 (무라는 것은 자연의 본체이다.) 만염이 하나가 되고 마음이 흔들리지 않는다는 것이 선도의 뜻이다.

4) 에너지를 올리려면 동공을 올리고 내리려면 동공을 내리고 임맥으로 에너지를 돌리려면 목의 동맥을 보면서 동공을 위로하라.

상염이 가면 에너지도 가고 상염이 머물면 에너지도 머문다.(다만 눈 동자만 돌리면 된다.)

5) 풍사가 마치 구름처럼 걷히고 안개가 내리듯 흘러내려 먼저 가슴에서 하단에 내리면 된다.

우주 에너지가 들어오면서 몸이 편안하고 땀이 축축히 나면서 에너지가 백맥에 돌게 되며 마음이 텅 빈 상태에서 눈앞에 백설 같은 빛깔이 보이고 구름 같은 것이 뭉게뭉게 피어오르는 느낌과 내가 육신에 깃들어 있는지 육신이 내 몸에 있는지 조차 알 수 없으며 마음은 고요하고 아득하여 황홀한 경지를 이루며 음과 양이 나누어지기 전 이것이 쏜공과 無무이다.

6) 태아는 어머니의 폐와 코로 임맥을 통해 탯줄과 연결되어 탯줄로 호흡한다.

이것은 근본으로 되돌리는 생명의 근원 원시생명 상태이다. 몸의 4문을 밀봉하고 태아가 되어 숨을 쉬어라. 1분에 20차 10차 1차로 줄여가며 수련하라.

7) 눈을 감고 손바닥에 (首眇 수묘)자를 손가락으로 쓰면서 형상을 그린다. 글자가 빛이 나면 다른 경지도 이룰 수 있다.

8) 혜광 반조란 빛을 받아 마음에서 다시 비추어보는 것이다. 전생이나 어린 시절을 기억하라.

내면으로 깊이 들어가 촉각이 깨닫게 되며 전생 미래를 기억하고 예언을 할 수 있다. 무슨 물체에 혜광 반조하면서 시간을 반대로 돌리면 본래의 진면모를 알 수 있다.

9) 오래도록 숨을 삼키고 묵묵히 앉아서 광 자주를 분리시키고 혜광 반조 하면서 에너지가 콧구멍으로 들어가 다른 콧구멍으로 돌아 나오고 다시 되풀이되는 것을 눈으로 볼 수 있고 자기가 자기를 볼 수 있다.

10) 몸을 확장시켜 하늘에 대고 한손으로 에너지를 받아들이고 에너지가 충전되면 한 손으로 상대방의 병든 부위에 발사하여 음과 양을 조화 시켜라.

11) 자신을 소경으로 상염하고 천개 눈 천개 손을 개발하여 몸에 불광을 비추어 천개 손으로 빛광을 발사 시켜라.

12) 자신의 5관을 변화 시켜라. 거울 앞에서 귀는 당나귀 귀, 코는 코끼리 코, 머리는 공룡으로 변화시키고 자세히 관찰하라.

13) 우주 에너지 빛으로 자신의 몸 오관, 오장, 골격을 녹여라. 자세히 주시 하면서 내면으로 깊숙이 들어가라.

14) 눈을 감고 이마로 보면서 어느 지점까지 보면 그곳까지 빛이 발사된다.

눈동자를 돌리며 척추를 생각하면 척추에서 에너지가 돌아간다. 눈을 감고 생각으로 오른쪽 눈을 뜨고 왼쪽 눈을 감으면 오른쪽으로 돌아가 그 빛이 올라가고 왼쪽 눈을 뜨고 오른쪽 눈을 감으면 왼쪽으로 돌아가 빛이 올라간다.

15) 상염으로 왼쪽 콧구멍을 막고 오른쪽 콧구멍으로 양기를 접수하여 하단 단전에 보충하라.

머리에 접수 태를 세우고 에너지가 넘칠 때까지 보충하라. 에너지를 단전호흡으로 척추까지 끌어 올린다.

제23품
우주 에너지와
명상수련(4)

1.우주에 신시참 에너지 창고에 가서 신호를 받아 백두산 천지 남쪽으로 가 천지 물과 일치되어라

태극도 위에 앉아 入定하라

태극이 머리 위에 있다고 보면서 머리 안에서 돌려라.

머리 안이 투명해지면 태양혈에 돌리고 다음은 청명 혈에 돌려라.

2. 태극을 가슴에 돌려라

가슴에서 돌리고 5장6부에 내려 돌리다가 하단전에 내려 돌리고 에너지 량이 충만 해지면

머리 안에 올려 태극과 영체를 통일 시킨다.

3. 머리에 돌리며

머리 위에 털구멍에서 천문으로 에너지가 들어와 자신의 몸에서 光주

를 분리시켜 出神 시켜라.

몸에서 이탈되면 한줄기 光주 따라 정신 체가 우주 태극도 위에 올라 앉아 우주여행을 하라.

구름처럼 휘날리며 머리 위에 한줄기 광주가 생겨 하늘 사람과 일치된다.

4. 태극을 안고 에너지를 들이 마시라.

몸속에서 태극이 돌아간다.

5. 우주와 하나 되기

우주와 하나되어 정신체가 동작하면 자신도 신호 따라 같이 동작한다.

6. 쌍룡을 청하여

명문에 불을 토하라 숨을 들이 마실때 명문에 들이고 숨을 내실때 두 신장에 받아라.

7. 다섯 동자를 모셔라.

〈가슴-두분 골반-두분 하단전-한분〉을 모셔라.

8. 천지에너지를 받는법:

숨을 들이 마실때 용천에서 태극의 음기를 백회까지 올리고 숨을 내쉴 때 백회부터 태극의 양기를 골반에 채워라.

반복해서 빨리 돌려라.

9. 백두산 태극도

태극을 머리 위에 놓고 태극을 바라보면서 머리 안에 넣어라.
머리 안이 투명해지면 잔등으로 내려라.
가슴이 밝아지면 하단전에 내려라.
다음 태극을 하단전 회음부 명문에서 빨리 돌려라.

10. 태극을 잔등

태극을 올린 후 잔등 좌우 쪽을 통해 우쪽으로 내려 하단전에 받아라.
우측으로 내리고 우측에서 좌측으로 올려 잔등 좌측으로 반복해서 빨리 돌려라.

11. 태극을 니완궁

태극을 니완궁에 올리고 천목-옥침-백회로 돌리고.
무심히 바라보라.
마음의 눈으로 보고 귀로 소리를 들어라.
각종 소리 자연의 소리, 인간의 소리, 축생의 소리, 곤충의 소리, 풀소리, 나무 소리, 물 소리, 폭포 소리, 용궁의 소리, 극락의 소리, 지옥의 소리, 야차의 소리, 아비규한의 소리, 천인의 소리, 중생의 소리, 영가의 소리, 차례차례 자세히 들으라

12. 태극을 회음부로

들이쉬고 내쉴 때 항문을 추켜올리고 백회와 중맥까지 통과 시켜라
반복해서 빨리 돌리라.

13. 태극을 올려라

한 갈래를 입과 코를 통해 백회에 올리고
태극 한 갈래를 회음부를 통해 옥침 백회에 올려라.
연속해서 올린다.

14. 회음부

회음부를 통해 태극을 올려 두 신장에 보내라.
태극을 회음을 통해 인당에 올려 태극을 확대시켜라.

15. 태극을 머리 안에

태극을 니왕궁에 올린후 천목에 보내고
숨을 들이 마실 때 니왕궁에 보내고
숨을 내실 때 천목에 보내라.

16. 천목에서 숨을 내쉴 때

한 목표를 정해 보내고
숨을 들이 마실 때 천목으로 들여 마셔라.

17. 보배산:

숨을 들이 마실 때 천목으로 끌어들이고 숨을 내실 때 하단전에 채워라.
마지막에는 작게 만들어 하단전에 넣고 동서남북 신호를 받아라.

18. 동굴 앞의 샘물을

3번 마시고 눈알을 빼서 좌우로 돌리며 빛나게 21번 씻어라.

19. 태극 종소리를

백회에 들이면서 엄, 엄, 엄 소리를 높이 계속해서 울려라.

천목 마, 마, 마를 소리높이 울려 내려 후두에 네, 네, 네 내리 가슴 바, 바, 바 내리 하단 메, 메, 메 내리 회음 홈, 홈, 홈 소리를 울리면 연꽃처럼 활짝 핀 빛이 보이면 빛과 하나 되라.

-두 다리로 갈라져서 홈, 홈, 홈 내려 발까지.

발부터 불광이 생기면 올려 홈, 홈, 홈 태극종을 울리고 운행하면서 더욱 세차게 전신을 환히 비춘다.

태극을 홈, 홈, 홈 올려 백회에서 나와 조상을 만나면 조상과 하나 되어라.

이럴 때 꿈처럼 무심히 바라보고 기뻐하지 말고 무서워하지 말라.

20. 태극을 발 용천을

태극을 발 용천을 통해 하단전에 올려라.

숨을 들이 마실 때 올리고 내실 때 하단전에 넣고 30분 정도 올려 에너지 량이 충만하면 하단전의 에너지 량을 가슴 중단에 올려라.

가슴에 태극 에너지 량이 충만하면 가슴의 에너지 량을 백회에 올려라.

백회에 충만하면 태극 에너지의 압력으로 송과 체에 발사하라

21. 태극을 백회로

니완궁에 넣은 후 머리 안이 투명해지면 태극을 가슴에 내리고 전신이 투명해지면 하단에 내리고 5장6부을 자세히 관찰한다.

회음부를 통해 내려 영체에 불광이 생긴면 용천을 거쳐 백회를 비춘다.

태극을 백회를 통해 하늘로 올린다.

태극을 보면서 백회로 숨을 들이마시고 숨을 내실 때 태극에 신호를 보내고 숨을 들이 마실 때 태극신호를 머리로 받아들여라.

태극과 일치되어 우주 신시참에 가서 몸에 신호를 받아 파장을 확대하고 음과 양을 확대하라.

제24품
우주 에너지와
명상수련(5)

1. 백두산에 가서 백두산과 일치 되라.

백두산 지휘부 신호를 받으며 백두산 폭포에 가서 백회를 중심으로 폭포수로 머리속부터 5장6부를 고루고루 시계 반대방향으로 씻어 사기를 용천으로 물 흐르듯 내려 보내라.

몸의 아픈 곳을 더 알뜰히 깨끗이 씻어라.

빛이 날 때까지 씻어라.

2. 천지 물과 일치 되라.

천지물 위 연꽃에 앉아 어린 시절로 돌아가 친구들과 놀고 가족과 놀며 어린 시절을 기억하면서 연꽃 빛광을 온몸으로 받아 들여라.

3. 손동작을 연꽃

형태를 하고 연꽃잎에 맺힌 이슬이 내 몸에 맺혀있다고 생각하며 어린 시절을 기억하고 천진한 어린이 마음으로 돌아가 같이 놀아라.

4. 연꽃을 타고

천지신호를 받아라 .
연꽃과 한몸되어 천지에서 보내는 신호를 관찰하고 느껴서 신호따라
한몸되라.

5. 천지 물과 일치되어 천지 물이 되라.

마음으로 물에 무엇이 있으면 그 물체와 일치되어 마치 꿈속의 동화
전설의 한편처럼 무심히 바라보면서 스쳐 보내며 생각하라.
전생의 아뢰야식에 기록을 찾아 무엇인지 느끼고 한몸되라.

6. 소천지와 일치 되어라.

꿈속에서 선녀가 되어 천지에 가서 목욕하고 약 왕궁에 가서 약 왕사
를 청하여 자신의 병에 관해 3가지 약을 받아 3알 먹고 100가지 약 냄새
를 맞고 어느 병에 쓰이는 가를 信息공부를 하여라.

7. 폭포동쪽 동굴에 가서

샘물을 3모금 마시고 동굴 앞에 있는 선생님께 인사하고 금탑 은탑 빛
을 두 손으로 받아서 눈에 넣으며 두 손을 청명부터 옆으로 눈섭과 눈알
의 신경을 풀어 주어라.

8. 천지 폭포 지하동굴과 일치되어라.

잠재의식의 신호를 받으면서 잠재의식 수준에 들어가 잠재의식과 한
몸되라.

9. 천지 온수와 일치되어 온기 에너지 량을 백회로 들려와 5장6부에 뿌려 장기를 치료하고 장기가 좋아하는 느낌을 느껴라.

10. 동서남북의 나무

에너지 량과 일치되어 나무 에너지를 입을 벌려 온 몸으로 받아 몸을 마사지 하라.

11. 입을 벌려 동서남북

에너지 량을 깊이 들이마시고 숨을 내리실 때 골반부터 채워 목까지 가득 채워 하나 되라.

12. 백두봉에 연꽃이 있고 연꽃 위에 태극이 있다.

백두봉에 일치되어 연꽃 위에 앉아 태극신호를 받아라.
소천지 연꽃 위에 앉아 백두봉에서 보내는 신호를 받아 신호와 한 몸이 되라.

13. 태극을

손가락마디를 돌리고 발가락을 돌리고 머리 가슴 하단전에 돌리고 뼈마디 마디를 돌린다.
온 몸이 따뜻한 기운이 돌며 나를 감싸 안아 안정되고 고통은 사라지고 편안해진다.

14. 몸을 물통으로

천지 물을 몸에 펌프로 채워라.
자신의 몸을 물통으로 만들고 에너지를 채워 에너지와 하나 되라.

15. 뇌개발

백두산 돌이 머리 위에 있다.(뇌개발) 백두산 돌로 뇌를 닦아라.
병 에너지(탁기)를 용천으로 내려 땅 밑에 넣어라.
시원하고 가벼운 몸을 느껴라.

16. 소나무와 나눔

왼발을 소나무 뿌리에 대고 숨을 들이 마실 때 청백색 빛을 받아들이
고 숨을 내실 때 몸의 나쁜 에너지를 내 보내라.

17. 용천-천용

천용-용천 반대로 외우고 로궁-궁로 백회-회백 외우며 入定한다 .
태양혈을 누르면서 신호를 받아라 식지를 비비면서 파장을 확대하라.

18. 태극공을

태극공을 손에 쥐고 용천에서 백회로 태극공을 뇌에서 뇌 속의 송과체
에 넣어 빨리 돌려라.

19. 태극을 발부터

태극을 발에서 용수철처럼 올려 백회까지 올렸다 다시 내려 돌려라.
각 관절마다 차례로 태극을 돌려 태극과 하나 되어라.

20. 태극을 회음부 부터 경추까지 올려라.

한 숨 한숨 들이쉼만 쉬면서 척추를 따라 한마디씩 경추까지 올려라.
내쉰 다음 다시 경추부터 백 회까지 올리고 내쉰 다음 전신이 이완 되
면 5장 6부를 관찰하고 귀로 소리를 들어라. 그 소리와 하나 되라.

21. 한 손은 하늘

한손은 하늘 에너지 한 손은 땅 에너지를 받아라.
두 손을 하늘높이 들어 하늘 에너지를 받고 또 두 손을 내려 땅 에너지를 받아 한 몸과 에너지가 하나 되라.

22. 태극도:

금자탑을 쌓고 금자탑에 앉아 에너지를 코로 받아 한 몸이 되라.

23. 태극도와

태극도와 내 몸이 하나 되어라.
내 몸에서 태극도를 천천히 돌려 머리부터 발끝까지 내렸다 올렸다 즐겨라.

24. 몸을 확대;

몸이 뿌리 되고 머리는 연꽃이 되어 몸을 확대하고.
숨을 깊이 들이쉬면서 전 우주별을 삼켜라.
삼킨 별들과 대화하라

25. 여러 별에서 주는 보물을 받아라.

받아서 보물과 하나 되라.

26. 우주 에너지 창고에 가서 에너지를 받아(자신의 파장)따라 공능을 개발하라.

27. 백두산을 확대하라. 콩알을 확대하라 . 천지 물을 확대하라.

28. 내가 별 씨가 되어 천지 물에 내려와서 연꽃이 되어라

　연꽃이 점점 확장 되어 천지 물을 덮고 천지와 하나되라.

29. 백두산 소천지 연꽃 위에 앉아 큰 조상이 감로수를 주시는 것을 한 방울 한방울 꽃봉오리 속에 넣어 어린 동자로 키워 하나 되라

30. 연꽃 어린시절

　어린 시절로 돌아가 연꽃 위에 앉아 연꽃과 하나 되라.

31. 소천지 연꽃

　소천지 연꽃 위에 앉아 7선녀가 보내는 강한 빛을 받아라.

32. 백두산에 가서 소나무를 청하여 그 나무속에 들어가 숨을 들이 마실 때 위로 우주 신기를 들이고 숨을 내실 때 나무뿌리로 사기를 내려 보낸다.

　나무뿌리가 점점 땅에 묻힌다.
　땅과 합일 시켜라.
　백두산과 하나가 되어라.

33. 천지 위에 나의 허상만 둥둥 떠있다.

　백회로 들어가 물과 일치 되어 천지 물과 하나 되어라.
　천지 물에 허상을 흘려보내 깨끗이 씻어라.

천지 위의 허상에 태양이 비추어 하단전에 불을 피워 백회까지 활활 타오르고 연소되어 재로 되고 우주에 불길이 뒤덮인다.

34. 천지 물 연꽃 위에 동자가 나타났다.

연꽃잎 불길은 하단전에서 타오르며 불길이 강하게 타올라 뇌에 신의 불길을 돌아 전신이 타오른다.
타고 남은 재를 전 우주에 뿌리고
우주도 뒤에 태극이 되어 수련 하라.

35.-조상신-

조상들의 신을 모시고 하나 되라.

윗대조상들
   1대 조상과 형제들
   2대 조상과 형제들
   3대 조상과 형제들
   4대 조상과 형제들
   5대 조상과 형제들에게 하나하나 인사하라

자신과 맞는 조상을 찾아라 하나되라
자신을 도와줄 조상을 찾아 하나되라
조상중에 도와줘야 할 조상을 찾아 하나되라
조상중에 천도해야 할 조상을 찾아 하나되라

제25품
북두칠성 공법

1. **북두칠성** 우주도 총 지휘부의 신호를 받아 7개 궁전의 신호 따라 하나 하나 받아드려라.

2. **북두칠성** 8과태 동서남북 3번씩 인사하고 선생님을 모시고 신호를 받아 태극도 신시 참 음과 양을 확대 신호를 받아라.

3. **북두칠성** 태극도 에너지창고에서 에너지를 받고 북두칠성 위의 꽃밭에서 5색 빛 (홍색-심장, 남색-간장, 백색-폐장, 황색-비장, 흑색-신장) 5장 6부에 각각 받아드려라.

4. **북두칠성** 꽃밭 중심 연꽃에 앉아 어린 동자가 되어 선생님을 모시고 보물을 받고 신호를 받아라.

5. **우주병원에** 가서 뇌 5관 몸 5장 6부를 우주의 새것으로 바꾸어라. 골격 중추신경 모든 세포신경에 수혈(輸血)을 받고 새로운 뇌로 교체 하라.

6. **북쪽 약 왕사이시진**. 북쪽 약 왕사이시진 화타를 모시고 100가지 약 100가지 화분을 가꾸고 병을 치료하는 가르침을 청하라.

제26품
은하수 공법

1. 은하수에 가서 따뜻하고 청정한 감로수로 목욕을 하고 뇌부터 아픈 곳을 고루고루 씻어 내리고 시원함을 느끼며 건강한 자기 모습을 만들어 보아라.

2. 은하수에 가서 자기 앞에 자기 몸을 놓고 양손으로 치료하면서 은하수의 감로수로 깨끗이 씻어 내려라.

3. 은하수 서쪽 연꽃 위에 앉아 어릴 때 건강한 자기 모습을 생각하면서 아버지, 어머니와 일치 되라.

4. 은하수에 가서 어린 시절을 기억하라.
전생과 전 전생을 보라
그리고 미래를 보라.

5. 은하수 계수나무 샘물에 가서 자신에 눈알을 21번 씻어라 .
샘물을 세 번 마셔라.

6. 은하수 8괘태 신호 5방 신호를 몸에 받고 8괘태 중심부에 머물러 우주에 중심이 되라.

제27품
금성(에너지) 공법

1.금성 우주에너지 창고에 가서 5방에(에너지)와 하나가 되어 몸에 균형 (음양에조화)를 잡아라.

2. 금성 우주(에너지)와 일치 되어 우주 신시참(우주에너지창고) 신호를 받아 음과 양의 에너지를 확대하라.

3. 금성 우주 에너지창고의 고급에너지 금단을 백회로 들여 뇌 가슴과 폐 위장 취장 심장 간장 신장 소장 대장과 하단 방광에 각각 넣고 우주 (에너지)를 몸의 내부에서 시계방향으로 돌려라.

4. 금성 우주(에너지)지휘부와 지구(백두산)(사는 곳이나 높은 산)를 연결시켜 우주 신시참(우주에너지창고)에서 보내는 신호를 받아라.

5. 금성 우주에너지 창고에서 또다른 에너지들을 관찰하고 그 에너지와 몸이 하나 되어 음과 양의 균형을 확대 시키고 조절하라.

6. 우주 금성도 신시참 우주병원에 가서 새로운 에너지로 몸을 복제하고 어린 동자가 되어 건강한 모습으로 책을 받고 우주 말과 글을 배워라.

7.자신에 몸을 앞에 세우고 발동기처럼 에너지를 빨리 돌려 병기(탁기)를 발끝으로 내보내라.

8. 손바닥으로 뇌 백회-세번 가슴-세번 무릎-세번 연속해서 세번씩 두들겨 탁기가 움직여 발끝으로 내려 몸 밖으로 버려라.

9. 108개 태양 달별들의 에너지를 수레바퀴처럼 돌려 天目 백회로 넣어 상단 중단 하단전에 내려 몸 전체에 돌려 순환 시키고 탁기는 발끝으로 내 보낸다.

-우주학교 말공부-

10. 우주학교에 가서 말하는 혀를 펴 마사지하고 말 주머니를 풀어 헤치고 혀를 빨리 움직이면서 말공부를 하라.

-언어공부-

우주학교에서 1-1반 공부를 하라
말을 하면서 우주 말공부를 하고 배운 말을 글로 쓰라.
글을 쓰면서 언어공부를 하라.

11. 백회로 우주에너지를 들이 마시며 어린아이가 웃는 모습으로 우주 에너지를 백회에 돌리고 머릿속 니완궁에 돌려 폐장에 돌리고 가슴에 돌려라

위장에 비장에 심장에 돌려고 간장에 돌리고 신장에 돌려 소장 대장 방광에 돌린 후 전신이 환해지면 다시 머리로 올려 백회로 들려 뇌에 돌리고 구름 한송이 되어 밤하늘에 떠서 자신을 내려다 보면서 백회로 우주 에너지 빛을 주고 받으며 숨을 내실 때 우주에 보내고 마실 때 우주 에너지를 맡아라.

우주 에너지를 주고 받고 하는 속에 우주 에너지 창고에 가서 에너지를 몸에 충전하라.

12. 신기한 우주의 음과 양의 눈에 두 손을 대고 우주 신호를 받아라.

*해에 가서 불산과 하나 되어 불속에 핵을 자세히 보고 불과 몸이 하나 되라.

*달에 가서 얼음산과 하나 되어 얼음에 핵을 자세히 보고 얼음과 몸이 하나 되라.

13. 우주 에너지 청색과 홍색으로 변화 하면서 광체가 나면 새로운 변화를 이을 수 있다.

14.우주에서 천사님의 모습이 보이면 천사님의 몸속으로 들어가 천사와 한 몸이 되어서 천사님 신호에 따라 움직여라.

15. 천목을 중지로 108번 안마하라. 시계반대 방향으로 108번 돌려라.

16. 두 손으로 뇌에 금을 긋고 백회를 세번 올려 당겨라.

천목도 세 번 당겨라.

17. 귀를 막았다 열었다 하면서 귀를 마사지 하라.

18. 등 척추허리를 7번치고 엉덩이를 3번 쳐서.

사기를 내려라.

19. 상.중.하. 3맥은 일종 신경 기관이며 3맥이 통하면 정(定)에 들어 갈 수 있다.

중맥이 통하면 定경계 남색 빛을 볼 수 있다.
중맥은 우산처럼 한 몸이므로 서로 관련이 있어 오른쪽이 아파하면 왼쪽이 같이 아플 수 있다.

20. 숨을 길게 내쉰 다음 정지하고 자기 기능에 따라 들어 마시면서 우주에(에너지)를 단전에 모았다 내 쉬며 호흡하라.

21. 숨을 깊이 들어 마시면서 자신이 점점 커진다고 상염하면 전 우주를 삼킬수 있다.

22. 자신이 커진 다음 숨을 내쉬면서 다시 점점 작아지는 상염으로 콩알만큼 작게 만들어라.

23. 상염으로 장독 안에 물을 채우면 우주에너지가 하늘로 올라간다고 상염 한다.

우주 에너지를 용천-회음-하단전-중단-천목-인당-백회까지 반복해서 올린다
다음 송과체에서 터트리며 에너지에 파편으로 송과체를 마사지 하라.

24. 의념력 상상력을 개발하여 콩알을 크게 확대하라 산을 확대하라

25. 땅에 있는 콩알이 땅 밑으로 내려가면서 확대되는 것을 눈으로 직시하라.

26. 손을 무릎 위에서 뜨게 하고 하단전의 우주 에너지를 머리 위에 올려라.

내 손이 하늘로 올라간다는 생각과 손을 신호 따라 움직여라.

27. 우주 에너지를 이마에 들이고 내보내며 그곳과 일치되어 우주신호를 받아라.

28. 벽에 정신을 집중하여 천목으로 빛을 발사하고 숨을 들이마셨다가 내실 때 벽에 발사하라.

제28품

마음 부스

89가지 마음부스

		不善心 12	善心 21	無記心 56					
				異熟無記心 36					唯作心 20
					원인	재생연결 (19)	등록 (11)		
세간의 마음	욕계 54	貪根 (8)		不善業異熟 (7)					
		(1) 喜, 邪見○, 行×		(13) 捨, 眼識	○				
		(2) 喜, 邪見○, 行○		(14) 捨, 耳識	○				
		(3) 喜, 邪見×, 行×		(15) 捨, 鼻識	○				
		(4) 喜, 邪見×, 行○		(16) 捨, 舌識	○				
		(5) 捨, 邪見○, 行×		(17) 苦, 身識	○				
		(6) 捨, 邪見○, 行○		(18) 捨, 領受	○				
		(7) 捨, 邪見×, 行×		(19) 捨, 조사	○				
		(8) 捨, 邪見×, 行○		善業異熟 (8)		○	○		
				(20) 捨, 眼識	○				無因 (3)
		瞋根 (2)		(21) 捨, 耳識	○				(28) 捨, 오문전향
		(9) 憂, 瞋○, 行×		(22) 捨, 鼻識	○				(29) 捨, 의문전향
		(10) 憂, 瞋○, 行○		(23) 捨, 舌識	○				(30) 喜, 미소짓는

			(24) 樂, 身識		○		
		痴根 (2)	(25) 捨, 領受		○		
		(11) 捨, 의심상응	(26) 喜, 조사		○		
		(12) 捨, 들뜸상응	(27) 捨, 조사			○	
			善業異熟 (8)		○	○	有因 (8)
		(31) 喜, 智○, 行×	(39) 喜, 智○, 行×	3			(47) 喜, 智○, 行×
		(32) 喜, 智○, 行○	(40) 喜, 智○, 行○	3	○	○	(48) 喜, 智○, 行○
		(33) 喜, 智×, 行×	(41) 喜, 智×, 行×	2		○	(49) 喜, 智×, 行×
		(34) 喜, 智×, 行○	(42) 喜, 智×, 行○	2		○	(50) 喜, 智×, 行○
		(35) 捨, 智○, 行×	(43) 捨, 智○, 行×	3		○	(51) 捨, 智○, 行×
		(36) 捨, 智○, 行○	(44) 捨, 智○, 行○	3		○	(52) 捨, 智○, 行○
		(37) 捨, 智×, 行×	(45) 捨, 智×, 行×	2		○	(53) 捨, 智×, 行×
		(38) 捨, 智×, 行○	(46) 捨, 智×, 行○	2		○	(54) 捨, 智×, 行○
	색계 15	(55) 初禪定	(60) 初禪定	3	○	○	(65) 初禪定
		(56) 第二禪定	(61) 第二禪定	3	○		(66) 第二禪定
		(57) 第三禪定	(62) 第三禪定	3	○		(67) 第三禪定
		(58) 第四禪定	(63) 第四禪定	3	○		(68) 第四禪定
		(59) 第五禪定	(64) 第五禪定	3	○		(69) 第五禪定
	무색계 12	(70) 空無邊處定	(74) 空無邊處定	3	○		(78) 空無邊處定
		(71) 識無邊處定	(75) 識無邊處定	3	○		(79) 識無邊處定
		(72) 無所有處定	(76) 無所有處定	3	○		(80) 無所有處定
		(73) 非想非非想處定	(77) 非想非非想處定	3	○		(81) 非想非非想處定
출세간 마음	출세간 8	(82) 수다원 도	(86) 수다원 과	3	○		
		(83) 사다함 도	(87) 사다함 과	3			
		(84) 아나함 도	(88) 아나함 과	3			
		(85) 아라한 도	(89) 아라한 과	3			

54가지 욕계 마음들

		함께 하는 마음부수들					유익	과보	작용
1	초선	尋	伺	회열	행복	집중	(55)	(60)	(65)
2	이선	·	伺	회열	행복	집중	(56)	(61)	(66)
3	삼선	·	·	회열	행복	집중	(57)	(62)	(67)
4	사선	·	·	·	행복	집중	(58)	(63)	(68)
5	오선		·	·	평온	집중	(59)	(64)	(69)

12가지 해로운 마음들

	뿌리	느낌	함께	없음	자극	번호
1	탐욕	기쁨	사견		없음	(1)
2	탐욕	기쁨	사견		있음	(2)
3	탐욕	기쁨		사견	없음	(3)
4	탐욕	기쁨		사견	있음	(4)
5	탐욕	평온	사견		없음	(5)
6	탐욕	평온	사견		있음	(6)
7	탐욕	평온		사견	없음	(7)
8	탐욕	평온		사견	있음	(8)
9	성냄	불만족	적의	·	없음	(9)
10	성냄	불만족	적의	·	있음	(10)
11	어리석음	평온	의심	·	·	(11)
12	어리석음	평온	들뜸	·	·	(12)

18가지 원인 없는 마음들

	종류	느낌	마음	번호
1	해로운 과보	평온	안식	(13)
2	해로운 과보	평온	이식	(14)
3	해로운 과보	평온	비식	(15)
4	해로운 과보	평온	설식	(16)
5	해로운 과보	고통	신식	(17)
6	해로운 과보	평온	받아들이는	(18)
7	해로운 과보	평온	조사하는	(19)
8	유익한 과보	평온	안식	(20)
9	유익한 과보	평온	이식	(21)
10	유익한 과보	평온	비식	(22)
11	유익한 과보	평온	설식	(23)
12	유익한 과보	즐거움	신식	(24)
13	유익한 과보	평온	받아들이는	(25)
14	유익한 과보	기쁨	조사하는	(26)
15	유익한 과보	평온	조사하는	(27)
16	작용만 하는	평온	오문전향	(28)
17	작용만 하는	평온	의문전향	(29)
18	작용만 하는	기쁨	미소 짓는	(30)

24가지 욕계 아름다운 마음들

	느낌	지혜	자극	유익	과보	작용
1	기쁨	있음	없음	(31)	(39)	(47)
2	기쁨	있음	있음	(32)	(40)	(48)
3	기쁨	없음	없음	(33)	(41)	(49)
4	기쁨	없음	있음	(34)	(42)	(50)
5	평온	있음	없음	(35)	(43)	(51)
6	평온	있음	있음	(36)	(44)	(52)
7	평온	없음	없음	(37)	(45)	(53)
8	평온	없음	있음	(38)	(46)	(54)

12가지 무색계 마음들

	마음	직접대상	초월한대상	유익	과보	작용
1	공무변처	허공(개념)	까시나(개념)	(70)	(74)	(78)
2	식무변처	위의 마음	허공(개념)	(71)	(75)	(79)
3	무소유처	무소유	무한한 마음	(72)	(76)	(80)
4	비상비비상처	위의 마음	없음(개념)	(73)	(77)	(81)

8가지 출세간의 마음들

	도(magga)	과(phala)
수다원	(82)	(86)
사다함	(83)	(87)
아나함	(84)	(88)
아라한	(85)	(89)

40가지 출세간의 마음들

禪	도(magga)				과(phala)			
	수다원	사다함	아나함	아라한	수다원	사다함	아나함	아라한
초선	(82)	(87)	(92)	(97)	(102)	(107)	(112)	(117)
이선	(83)	(88)	(93)	(98)	(103)	(108)	(113)	(118)
삼선	(84)	(89)	(94)	(99)	(104)	(109)	(114)	(119)
사선	(85)	(90)	(95)	(100)	(105)	(110)	(115)	(120)
오선	(86)	(91)	(96)	(101)	(106)	(111)	(116)	(121)

89가지 마음들과 선 · 불선 · 무기

	해로운 (不善)	유익한 (善)	판단할 수 없음(無記)	
			과보	작용
욕계	12	8	23	11
색계	·	5	5	5
무색계	·	4	4	4

출세간	·	4	4	·
	12	21	36	20

세간, 출세간의 선의 마음들

禪	색계(15) 유익	색계(15) 과보		무색계(12) 작용	유익	과보	출세간(40) 작용	유익	과보	
초선	1	1		1	·	·	·	4	4	11
이선	1	1		1	·	·	·	4	4	11
삼선	1	1		1	·	·	·	4	4	11
사선	1	1		1	·	·	·	4	4	11
오선	1	1		1	4	4	4	4	4	23
	5	5		5	4	4	4	20	20	

89가지 마음들과 세계

세간의 마음(81)															출세간(8)	
욕계의 마음(54)									고귀한 마음(27)							
해로운 마음(12)			원인없는 마음(18)			아름다운 마음(24)			색계마음(15)			무색계마음(12)				
성냄에	미혹에		해로운 과보	유익과보	작용만 하는	유익한	과보로 나타난	작용만 하는	유익한	과보로 나타난	작용만 하는	유익한	과보로 나타난	작용만 하는	도	과
탐욕에 뿌리한	뿌리한	뿌리한	원인없는 과보													
8	2	2	7	8	3	8	8	8	5	5	5	4	4	4	4	4

52가지 마음부수 (cetasika)

52가지 마음부수의 개관

13가지 다른 것과 같아지는 것들							
7가지 반드시들				6가지 때때로들			
1	감각접촉 (phassa)	5	집중 (ekaggatā)	8	일으킨 생각 (vitakka)	11	정진 (vīriya)
2	느낌 (vedanā)	6	명근 (jīvitindriya)	9	지속적 고찰 (vicāra)	12	희열 (pīti)

3	인식(saññā)	7	작의(manasikāra)	10	결심(adhimokkha)	13	열의(chanda)
4	의도(cetanā)		·				·
14가지 해로운 마음부수				25가지 유익한 마음부수			
	4가지 반드시들		10가지 때때로들		19가지 반드시들	42	마음의 적합함(kammaññatā)
14	어리석음(moha)	18	탐욕(lobha)	28	믿음(saddhā)	43	몸의 능숙함(pāguññatā)
15	양심 없음(ahirika)	19	사견(diṭṭhi)	29	마음 챙김(sati)	44	마음의 능숙함(pāguññatā)
16	수치심 없음(anottappa)	20	자만(māna)	30	양심(hiri)	45	몸의 올곧음(ujukatā)
17	들뜸(uddhacca)	21	성냄(dosa)	31	수치심(ottappa)	46	마음의 올곧음(ujukatā)
·		22	질투(issā)	32	탐욕 없음(alobha)		6가지 때때로들
	·	23	인색(macchariya)	33	성냄 없음(adosa)		3가지 절제
	·	24	후회(kukkucca)	34	중립(tatramajjhattatā)	47	바른 말(sammā-vācā)
	·	25	해태(thīna)	35	몸의 경안(kāya-passaddhi)	48	바른 행위(sammā-kammanta)
	·	26	혼침(middha)	36	마음의 경안(citta-passaddhi)	49	바른 생계(sammā-ājīva)
	·	27	의심(vicikicchā)	37	몸의 가벼움(kāya-lahutā)		2가지 무량(appamaññā)
	·	·		38	마음의 가벼움(citta-lahutā)	50	연민(karuṇā)
	·	·		39	몸의 부드러움(kāya-mudutā)	51	같이 기뻐함(mudita)
	·	·		40	마음의 부드러움(citta-mudutā)		1가지 미혹 없음(amoha)
	·	·		41	몸의 적합함(kammaññatā)	52	통찰지의 기능(paññindriya)

심과 심소의 특징, 역할, 나타남, 가까운 원인(1)

			특징	역할	나타남	가까운 원인
심 1			마음(citta)	대상을 아는 것	심소들을 통할하는 선행자	진행의 연속성	정신과 물질
심소 52 cetasika	정해지지 않은 심소 13	반드시 7	감각 접촉(phassa)	닿는 것	부딪힘	동시 발생	영역에 들어온 대상
			육체적 즐거움(sukha *vedanā)	느껴진 것 (공통) 원하는 감촉을 경험	관련된 법들을 활기차게 함	육체적인 만족	몸의 기능
			육체적 고통(dukha *)	싫어하는 감촉을 경험	관련된 법들을 시들게 함	육체적인 고통	몸의 기능
			정신적 기쁨(somanassa *)	원하는 대상을 경험	원하는 측면을 향유함	정신적인 만족	경안
			정신적 불만족(domanassa *)	싫어하는 대상을 경험	싫어하는 측면을 향유함	정신적인 고통	심장토대
			중립적 느낌(upekkha *)	무관심한 느낌	관련된 법들을 활기차게도 시들게도 않게 함	고요함	희열이 없는 마음
		3	인식(saññā)	인식하는 것	표상을 만듦	표상에 따라 이해하려함	대상

		4	의도(cetanā)	의도하는 것	격려함, 모음	조정함	관련된 법들
		5	집중(ekaggatā)	방황하지 않거나 산만하지 않는 것	동시에 태어난 법들을 뭉침	고요함	즐거움
	때때로 6	6	명근(jīvitindriya)	함께 태어난 법들을 지키고 돌보는 것	그들이 선명하게 있게 함	그들이 소멸에 이르기 전 일어나 머물게 함	함께 일어나는 법
		7	작의(manasikāra)	관련된 법을 대상으로 내모는 것	관련된 법들을 대상들과 연결시킴	대상과 대면함	대상
		8	일으킨 생각(vitakka)	마음을 대상을 향해 기울이는 것	앞으로 치고 뒤로 뒤집어 침	마음을 대상으로 인도함	대상
		9	지속적 고찰(vicāra)	대상을 계속해서 문지르는 것	함께 생긴 법들을 대상에 묶음	마음이 계속해서 일어남	대상
		10	결심(adhimokkha)	결정하는 것	더듬거리지 않음	결정	결정해야할 법
		11	정진(vīriya)	노력하는 것	동시에 태어난 법들을 지탱함	무너지지 않는 상태	절박함, 정진을 쏟을 동기
		12	희열(pīti)	충분히 만족하는 것	몸과 마음을 강하게 함, 활력을 줌	의기양양함	정신과 물질
		13	열의(chanda)	하고 싶어 하는 것	대상을 찾음	대상을 원함	대상

심소의 특징, 역할, 나타남, 가까운 원인(2)

				특징	역할	나타남	가까운 원인
심소 52 cetasika	해로운심소 14	반드시 4	14	어리석음(moha)	마음의 어두운 상태	통찰하지 않음	바른 수행의 결여 어두움	지혜 없이 마음에 잡도리함
			15	양심 없음(ahirika)	혐오스러워 하지 않는 것	나쁜 일들을 행함	나쁜 일에 주춤거리고 물러서지 않음	자신을 존중하지 않음
			16	수치심 없음(anottappa)	두려워하지 않는 것 걱정하지 않는 것	나쁜 일들을 행함	나쁜 일에 주춤거리고 물러서지 않음	남을 존중하지 않음
			17	들뜸	바람결에 출렁이는 물처럼 고요하지 않는 것	바람에 흔들리는 깃발처럼 동요함	마치 돌에 맞아 흩어지는 재처럼 산란한 움직임	지혜 없이 마음에 잡도리함
		때때로 10	18	탐욕(lobha)	끈끈이처럼 대상을 거머쥐는 것	달구어진 냄비에 놓인 고깃덩이처럼 달라붙음	마치 염색하는 안료처럼 버리지 않음	법들에서 달콤함을 봄
			19	사견(diṭṭhi)	이치에 어긋나는 고집	집착함	그릇된 고집	성스러운 제자들을 친견하고자 하지 않음
			20	자만(māna)	오만함	건방짐	허영심	사견과 분리된 탐욕
			21	성냄(dosa)	마치 두드려맞은 독사처럼 잔인한 것	마치 한 모금의 독처럼 퍼짐. 자기의 의지처를태움. 마치 숲속의 불처럼	마치 기회를 포착한 원수처럼 성내고 있음	성을 낼 대상
			22	질투(issā)	타인의 성공을 시기하는 것	그것을 좋아하지 않음	그것을 혐오함	타인의 성공
			23	인색(macchariya)	이미 얻었거나 얻게 될 자신의 성공을 숨기는 것	다른 사람과 그것을 나누어 가지는 것을 참지 못함	움츠림	자신의 성공
			24	후회(kukkucca)	나중에 속을 태우는 것	(좋은 일을) 행하지 않은 것과 (나쁜 일을) 행한 것을 슬퍼함	뉘우침	행하고 행하지 음

			25	해태(thīna)	분발이 없는 것	정진을 없앰	처지는 것	지혜 없이 마음에 잡도리함
			26	혼침(middha)	일에 적합하지 않는 것	(마음의 문을) 덮어버림	게으름, 졸음과 수면	지혜 없이 마음에 잡도리함
			27	의심(vicikicchā)	회의 하는 것	흔들림	결정하지 못함 불분명하게 파악함	지혜 없이 마음에 잡도리함

심소의 특징, 역할, 나타남, 가까운 원인(3)

					특징	역할	나타남	가까운 원인
심소 cetasika	유익한 심소 25	반드시 19	28	믿음(saddhā)	믿는 것 신뢰하는 것	깨끗이 함 (믿음으로써 대상에) 들어가는 것	더럽지 않음 결심	믿을 만한 대상 정법을 듣는 등
			29	마음 챙김(sati)	(대상에) 깊이 들어 가는 것	잊지 않는 것 혼란스럽지 않음	보호하는 것 대상과 직면함	강한 인식 몸 등에서 마음 챙김을 확립함
			30	양심(hiri)	악행에 대해서 진저리를 내는 것	부끄러움 때문에 악행을 짓지 않음	악행을 피하는 것	자신을 소중히 여김
			31	수치심(ottappa)	두려워함	두려움 때문에 악행을 짓지 않음	악행을 피하는 것	타인을 소중히 여김
			32	탐욕 없음(alobha)	욕심이 없음 집착하지 않음	움켜지지 않음	집착하지 않음	현명한 주의력
			33	성냄 없음(adosa)	잔악함이 없는 것 수순함	성가심을 버림	부드러움	현명한 주의력
			34	중립(tatramajjihattatā)	마음과 심소를 공평하게 나른 것	모자라거나 넘치는 것을 막음 편견을 끊음	중립적인 상태	현명한 주의력
			35	몸의 경안(kāya-passaddhi)	몸의 불안을 가라앉히는 것	몸의 불안을 완화함	동요하지 않음	몸
			36	마음의 경안(citta-passaddhi)	마음의 불안을 가라앉히는 것	마음의 불안을 완화함	침착함	마음
			37	몸의 가벼움(kāya-lahutā)	몸의 무거움을 가라앉히는 것	몸의 무거움을 덜어버림	몸이 느리지 않음	몸
			38	마음의 가벼움(citta-lahutā)	마음의 무거움을 가라앉히는 것	마음의 무거움을 덜어버림	마음이 느리지 않음	마음
			39	몸의 부드러움(kāya-mudutā)	몸의 뻣뻣함을 완화하는 것	몸의 경직된 상태를 풀어줌	저항하지 않음	몸
			40	마음의 부드러움(citta-mudutā)	마음의 뻣뻣함을 완화하는 것	마음의 경직된 상태를 풀어줌	저항하지 않음	마음
			41	몸의 적합함(*-kammaññatā)	몸의 부적합한 상태를 가라앉히는 것	몸이 일에 부적합한 상태를 부숨	어떤 것을 몸의 대상으로 만드는데 성공함	몸
			42	마음의 적합함(*-kammaññatā)	마음의 부적합한 상태를 가라앉히는 것	마음이 일에 부적합한 상태를 부숨	어떤 것을 마음의 대상으로 만드는데 성공함	마음
			43	몸의 능숙함(*-pāguññatā)	몸이 건강함	몸의 병을 덜어버림	실수하지 않음	몸
			44	마음의 능숙함(*-pāguññatā)	마음이 건강함	마음의 병을 덜어버림	실수하지 않음	마음
			45	몸의 올곧음(*-ujukatā)	몸의 올곧음	몸의 구부러짐을 없앰	반듯함	몸
			46	마음의 올곧음(*-ujukatā)	마음의 올곧음	마음의 구부러짐을 없앰	반듯함	마음

심소의 특징, 역할, 나타남, 가까운 원인(4)

심소 cetasika	유익한 심소 25	때때로 6			특징	역할	나타남	가까운 원인
			47	바른 말 (sammā-vācā)	몸으로 짓는 그릇된 행위 등의 대상을 위반하지 않으며 혹은 어기지 않는 것, 꺼안는 것	몸으로 짓는 그릇된 행위 등의 대상으로 부터 움츠림 절제함	이들을 행하지 않음 그릇된 말을 버림	믿음, 양심, 수치심 욕구가 적음 등의 공덕
			48	바른 행위 (sammā-kammanta)	몸으로 짓는 그릇된 행위 등의 대상을 위반하지 않으며 혹은 어기지 않는 것 일어나게 하는 것	몸으로 짓는 그릇된 행위 등의 대상으로 부터 움츠림 절제함	이들을 행하지 않음 그릇된 행위를 버림	믿음, 양심, 수치심 욕구가 적음 등의 공덕
			49	바른 생계 (sammā-ajīva)	몸으로 짓는 그릇된 행위 등의 대상을 위반하지 않으며 혹은 어기지 않는 것, 깨끗이 함	몸으로 짓는 그릇된 행위 등의 대상으로 부터 움츠림 합리적인 생계를 일으킴	이들을 행하지 않음 그릇된 생계를 버림	믿음, 양심, 수치심 욕구가 적음 등의 공덕
			50	연민(karuṇā)	중생에게 일어난 고통을 완화함	다른 이의 고통을 견디지 못함	잔인함이 없음	고통에 허우적거리는 자들에서 의지할 곳이 없는 상태를 보는 것
			51	같이 기뻐함 (muditā)	(다른 이의 성공을) 기뻐함	질투하지 않음	싫어함을 제거함	중생들의 성공을 봄
			52	통찰지의 기능 (paññindriya)	제반 현상의 본질을 꿰뚫는 것	제반 현상의 본성을 덮어 버리는 어리석음을 쓸어 버림	미혹하지 않음	삼매

마음부수와 마음의 결합

마음부수들	마음들 (번호)		합계
13가지 다른 것과 같아지는 것들			
7가지 공통들	모든 마음들	89	121
일으킨 생각	1-12, 18, 19, 25-54, 55, 60, 65, (82, 87, 92, 97, 102, 107, 112, 117)		55
지속적 고찰	일으킨 생각 + 56, 61, 66, (83, 88, 93, 98, 103, 108, 113, 118)		66
결심	1-10, 12, 18, 19, 25-89 (또는 25-121)	78	110
정진	1-12, 29-89 (또는 29-121)	73	105
희열	1-4, 26, 30, 31-34, 39-42, 47-50, 55-57, 60-62, 65-67, 82-84, 87-89, 92-94, 97-99, 102-104, 107-109, 112-114, 117-119		51
열의	1-10, 31-89, (또는 31-121)	69	101
14가지 해로운 마음부수들			
4가지 해로운 공통들	01월 12일		
탐욕	01월 08일		
사견	1, 2, 5, 6		
자만	3, 4, 7, 8		
성냄, 질투, 인색, 후회	9, 10		
해태, 혼침	2, 4, 6, 8, 10		
의심	11		
25가지 아름다운 마음부수들			
19가지 아름다운 공통들	31-89 (또는 31-121)	59	91
3가지 절제	31-38, 82-89 (또는 82-121)	16	48
2가지 무량	31-38, 47-54, 55-58, 60-63, 65-68		28
지혜	31, 32, 35, 36, 39, 40, 43, 44, 47, 48, 51, 52, 55-89 (또는 55-121)	47	79

마음과 마음부수의 조합

마음	번호	마음부수들 (번호)	합계	마음	번호	마음부수들 (번호)	합계
출세간				작용만 하는	53, 54	1-11, 13, 28-46, 50-51	33
초선	8개	1-13, 28-49, 52	36	해로운			
이선	8개	1-7, 9-13, 28-49, 52	35	탐욕에 뿌리한	1	01월 19일	19
삼선	8개	1-7, 10-13, 28-49, 52	34	탐욕에 뿌리한	2	1-19, 25, 26	21
사선	8개	1-7, 10, 11, 13, 28-49, 52	33	탐욕에 뿌리한	3	1-18, 20	19
오선	8개	1-7, 10, 11, 13, 28-49, 52	33	탐욕에 뿌리한	4	1-18, 20, 25, 26	21
고결한				탐욕에 뿌리한	5	1-11, 13, 14-19	18
초선	3개	1-13, 28-46, 50-52	35	탐욕에 뿌리한	6	1-11, 13, 14-19, 25, 26	20
이선	3개	1-7, 9-13, 28-46, 50-52	34	탐욕에 뿌리한	7	1-11, 13, 14-18, 20	18
삼선	3개	1-7, 10-13, 28-46, 50-52	33	탐욕에 뿌리한	8	1-11, 13, 14-18, 20, 25, 26	20
사선	3개	1-7, 10, 11, 13, 28-46, 50-52	32	성냄에 뿌리한	9	1-11, 13, 14-17, 21-24,	20
오선	15개	1-7, 10, 11, 13, 28-46, 52	30	성냄에 뿌리한	10	1-11, 13, 14-17, 21-24, 25, 26	22
욕계 아름다운				미혹에 뿌리한	11	1-9, 11,14-17, 27	15
유익한	31, 32	1-13, 28-52	38	미혹에 뿌리한	12	1-11, 14-17	15
유익한	33, 34	1-13, 28-51	37	원인 없는			
유익한	35, 36	1-11, 13, 28-52	37	전 오식	13-17	01월 07일	7
유익한	37, 38	1-11, 13, 51	36	전 오식	20-24	01월 07일	7
과보인	39, 40	1-13, 28-46, 52	33	받아들이는	18, 25	01월 10일	10
과보인	41, 42	1-13, 28-48	32	조사하는	19, 27	01월 10일	10
과보인	43, 44	1-11, 13, 28-46, 52	32	조사하는	26	1-10, 12	11
과보인	45, 46	1-11, 13, 28-46	31	오문전향	28	01월 10일	10
작용만 하는	47, 48	1-13, 28-46, 50-52	35	의문전향	29	01월 11일	11
작용만 하는	49, 50	1-13, 28-46, 50, 51	34	미소 짓는	30	01월 12일	12
작용만 하는	51, 52	1-11, 13, 28-46, 50-52	34	·	·	·	·

마음과 마음부수의 자세한 도표

마음 부수		13 공통들(7)	일으킨 생각	지속적 고찰	결의	정진	회열	의욕	14 불선공통(4)	탐욕	사견	자만	성질투인색후회(4)	해태혼침(2)	의심	25 선공통(19)	절제(3)	무량(2)	지혜	합계
탐욕에 뿌리박은	1	■	■	■	■	■	■	■	■	■	■									19
탐욕에 뿌리박은	2	■	■	■	■	■	■	■	■	■	■			■						21
탐욕에 뿌리박은	3	■	■	■	■	■	■	■	■	■		■								19
탐욕에 뿌리박은	4	■	■	■	■	■	■	■	■	■		■		■						21
탐욕에 뿌리박은	5	■	■	■	■	■		■	■	■	■									18
탐욕에 뿌리박은	6	■	■	■	■	■		■	■	■	■			■						20
탐욕에 뿌리박은	7	■	■	■	■	■		■	■	■		■								18
탐욕에 뿌리박은	8	■	■	■	■	■		■	■	■		■		■						20
성냄에 뿌리박은	1	■	■	■	■	■		■	■				■							20
성냄에 뿌리박은	2	■	■	■	■	■		■	■				■	■						22
미혹에 뿌리박은	1	■	■	■		■			■						■					15
미혹에 뿌리박은	2	■	■	■		■			■					■						15
전 오식	10	■																		7
받아들이는	2	■	■	■																10
조사하는 (평온)	2	■	■	■				■												10
조사하는 (기쁨)	1	■	■	■			■	■												11
오문전향	1	■	■	■																10
의문전향	1	■	■	■				■												11
미소 짓는	1	■	■	■	■		■	■												12
욕계 유익한	1, 2	■	■	■	■	■	■	■								■	■	■	■	38
욕계 유익한	3, 4	■	■	■	■	■	■	■								■	■	■		37
욕계 유익한	5, 6	■	■	■	■	■		■								■	■	■	■	37
욕계 유익한	7, 8	■	■	■	■	■		■								■	■	■		36
욕계 과보	1, 2	■	■	■	■	■	■	■								■			■	33
욕계 과보	3, 4	■	■	■	■	■	■	■								■				32
욕계 과보	5, 6	■	■	■	■	■		■								■			■	32
욕계 과보	7, 8	■	■	■	■	■		■								■				31
욕계 작용	1, 2	■	■	■	■	■	■	■								■		■	■	35
욕계 작용	3, 4	■	■	■	■	■	■	■								■		■		34
욕계 작용	5, 6	■	■	■	■	■		■								■		■	■	34
욕계 작용	7, 8	■	■	■	■	■		■								■		■		33
색계 초선	3	■	■	■	■	■	■	■								■		■	■	35
색계 2선	3	■		■	■	■	■	■								■		■	■	34
색계 3선	3	■			■	■	■	■								■		■	■	33
색계 4선	3	■			■	■		■								■		■	■	32
색계 5선	3	■			■	■		■								■			■	30
무색계 네가지 선	12	■			■	■		■								■			■	30
출세간도 초선	4	■	■	■	■	■	■	■								■	■		■	36
2선	4	■		■	■	■	■	■								■	■		■	35
3선	4	■			■	■	■	■								■	■		■	34
4선	4	■			■	■		■								■	■		■	33
5선	4	■			■	■		■								■	■		■	33
출세간과 초선	4	■	■	■	■	■	■	■								■			■	36
2선	4	■		■	■	■	■	■								■			■	35
3선	4	■			■	■	■	■								■			■	34
4선	4	■			■	■		■								■			■	33
5선	4	■			■	■		■								■			■	33

합 계	89		78	73	51	69	12	8	4	4	2	5	1	59	16	28	47	
	121	55	66	110	105		101							91	48		79	

일반적인 항목

느낌

마음		느낌											
	해로운	기쁨	기쁨	기쁨	기쁨	평온	평온	평온	평온	불만족	불만족	평온	평온
원인 없는	해로운 과보	평온	평온	평온	평온	고통	평온	평온	·				
	유익한 과보	평온	평온	평온	평온	즐거움	평온	기쁨	평온	·	·	·	
	작용만 하는	평온	평온	기쁨	·	·	·						
욕계 아름다 운	유익한	기쁨	기쁨	기쁨	기쁨	평온	평온	평온	평온	·	·	·	
	과보로 나타난	기쁨	기쁨	기쁨	기쁨	평온	평온	평온	평온	·	·	·	
	작용만 하는	기쁨	기쁨	기쁨	기쁨	평온	평온	평온	평온	·	·	·	
색계	유익한	기쁨	기쁨	기쁨	기쁨	평온	·	·	·	·	·	·	
	과보로 나타난	기쁨	기쁨	기쁨	기쁨	평온	·	·	·	·	·	·	
	작용만 하는	기쁨	기쁨	기쁨	기쁨	평온	·	·	·	·	·	·	
무색계	유익한	평온	평온	평온	평온	·	·	·	·	·	·	·	
	과보로 나타난	평온	평온	평온	평온	·	·	·	·	·	·	·	
	작용만 하는	평온	평온	평온	평온	·	·	·	·	·	·	·	
도 과	예류	기쁨	기쁨	기쁨	기쁨	평온	·	·	·	·	·	·	
	일래	기쁨	기쁨	기쁨	기쁨	평온	·	·	·	·	·	·	
	불환	기쁨	기쁨	기쁨	기쁨	평온	·	·	·	·	·	·	
	아라한	기쁨	기쁨	기쁨	기쁨	평온	·	·	·	·	·	·	
	예류	기쁨	기쁨	기쁨	기쁨	평온	·	·	·	·	·	·	
	일래	기쁨	기쁨	기쁨	기쁨	평온	·	·	·	·	·	·	
	불환	기쁨	기쁨	기쁨	기쁨	평온	·	·	·	·	·	·	
	아라한	기쁨	기쁨	기쁨	기쁨	평온	·	·	·	·	·	·	

원인

마음	탐욕에 뿌리한	성냄에 뿌리한	미혹에 뿌리한	원인 없는	욕계 지혜와 함께	욕계 지혜 없는	고귀한	출세간	합계
	8	2	2	18	12	12	27	8	
탐욕									8
성냄									2
어리석음									12
탐욕 없음									59
성냄 없음									59

어리석음 없음					■		■		47
원인의 개수	2	2	1	0	3	2	3	3	

재생연결, 바왕가, 죽음의 마음

	재생연결, 바왕가, 죽음의 마음	마음 번호	마음의 개수 (19)	태어나는 곳
욕계	不善·捨·과보·조사	(19)	1	악처 (지옥·아귀·축생·수라)
	善·捨·과보·조사	(27)	1	불구의 인간, 하급 천인·정령
	善·과보·有因 (2因, 3因)	(39) - 46)	8	불구가 아닌 인간, 天人
색계	색계 과보	(60) - (64)	5	색계 천인

역할

마음		해로운	안식	이식	비식	설식	신식	받아들임	평온한조사	기쁜조사	오문전향	의문전향	미소짓는	욕계유익	욕계과보	고귀한유익	고귀한과보	고귀한작용	출세간	합계
1~3	재생, 잠재, 죽음								■						■		■			19
4	전향										■	■								2
5	봄		■																	2
6	들음			■																2
7	냄새 맡음				■															2
8	맛봄					■														2
9	감촉						■													2
10	받아들임							■												2
11	조사								■	■										3
12	결정											■								1
13	자와나	■											■	■		■		■	■	55
14	등록																			11
작용의 개수		1	1	1	1	1	1	1	5	2	1	2	1	1	1	4	1	1	3	
마음의 합계		12	2	2	2	2	2	2	1	1	1	1	1	8	8	9	9	9	8	

5 문

	오문전향	안식	이식	비식	설식	신식	받아들임	평온한조사	기쁜조사	결정·의문전향	욕계속행	고귀·출세간속행	욕계과보	고귀한과보	합계
눈의 문	■	■					■	■	■	■	■		■		46
귀의 문	■		■				■	■	■	■	■		■		46
코의 문	■			■			■	■	■	■	■		■		46

허의 문															46
몸의 문															46
마노의 문															67
문을 벗어남															19
문의 개수															
마음의 합계	1	2	2	2	2	2	2	2	1	1	29	26	8	9	

문과 대상과 시간

문	마음		대 상		시간
오문	안식	2	현재 볼 수 있는 형상		오직 현재
	이식	2	현재의 소리		
	비식	2	현재의 냄새		
	설식	2	현재의 맛		
	신식	2	현재의 감촉		
	받아들이는 (2), 오문전향 (1) [(意界)]	3	현재의 5가지 대상들		
의문	조사 (3), 미소 짓는 (1) 욕계 아름다운 과보(8)	12	54가지 욕계 마음, 52가지 마음부수, 28가지 물질		삼세와 시간을 초월한 것
	해로운 (12), 욕계 지혜 없는 유익 (4), 욕계 지혜 없는 작용 (4)	20	81가지 세속적인 마음, 52가지 마음부수, 28가지 물질, 개념들		모두
	욕계 지혜 있는 유익 (4) 5선의 신통 있는 유익 (1)	4+1	아라한 도와 과를 제외한 87가지 마음, 52가지 마음부수 28가지 물질, 열반, 개념들		*미소 짓는
	욕계 지혜 있는 작용 (4), 5선의 신통 있는 작용 (1), 의문전향 (1)	5+1	모든 대상들 즉 89가지 마음, 52가지 마음부수, 28가지 물질, 열반, 개념들		(삼세만)
	무색계 2선과 4선	6	고귀한 마음 (무색계 1선, 3선의 마음)		과거
	색계 (15), 무색계 1선과 3선 (6)	21	개념		시간 초월
	출세간 (8)	8	열반		시간 초월

개념을 대상으로 하는 고귀한 마음들

	까시나	부정	몸	호흡	중생 (자)	중생 (비)	중생 (희)	중생 (사)	무한한 허공	무소유	합계
	10	10	1	1	1	1	1	1	1	1	
색계 초선	3										25
색계 2선	3										14
색계 3선	3										14
색계 4선	3										14
색계 5선	3										12
무색계 1선	3										1
무색계 3선	3										1

일곱 가지 알음알이의 요소

다뚜(界)		마음들	
눈의 알음알이의 다뚜 (眼界)		눈의 알음알이	2
귀의 알음알이의 다뚜 (耳界)		귀의 알음알이	2
코의 알음알이의 다뚜 (鼻界)		코의 알음알이	2
허의 알음알이의 다뚜 (舌界)		허의 알음알이	2

몸의 알음알이의 다뚜 (身界)	몸의 알음알이	2
마노의 다뚜 (意界)	오문전향, 받아들이는 마음	3
마노의 알음알이의 다뚜 (意識界)	나머지 모든 마음들	76

토대

마음		눈의 토대	귀의 토대	코의 토대	혀의 토대	몸의 토대	심장토대 (반드시)	심장토대 (때때로)	토대 없음
탐욕에 뿌리 한	8								
성냄에 뿌리 한	2								
미혹에 뿌리 한	2								
안식	2								
이식	2								
비식	2								
설식	2								
신식	2								
마노의 요소 (意界)	3								
조사	3								
의문전향	1								
미소 짓는	1								
욕계 유익한	8								
욕계 과보로	8								
욕계 작용하는	8								
색계	15								
무색계 유익한	4								
무색계 과보로	4								
무색계 작용	4								
예류도	1								
출세간 나머지	7								
합계		2	2	2	2	2	33	42	4

인식과정

인식과정

인식과정				
	서론 6개의 6범주	1.여섯 토대		
		2.여섯 문		
		3.여섯 대상		
		4.여섯 식		
		5.여섯 과정	안식, 이식 비식 설식 신식 의식과 연결된 인식과정	
		6.여섯 대상의 나타남	매우큰 대상	등록으로 끝나는 과정
	인식과정의 분석	1.오문 인식과정(도표 4.2)	큰대상	속행으로 끝나는 과정

		작은 대상	결정으로 끝나는 과정
		매우 작은대상	효과가 없는 과정
	2.의문 인식과정	제한된(욕계의)속행 과정	오문후속과정 독립된 인식과정
			선명한 대상- 등록으로 끝나는 과정
			희미한 대상 속행으로 끝나는 과정
		본삼매속행과정 (도표4.4)	1.본삼매 속행과정
			2.도와 과의 중득의 속행과정
여러 법칙	1.등록의 법칙(도표4.6)	욕계의 중생에게, 욕계의 속행 끝에 선명하거나 매우 큰 대상에 등록이 생김	
	2.속행의 법칙	1.제한된(욕계의)속행과정	오문후속과정, 독립된 인식과정
			1.일반적(6-7)
			2.임종시(5)
			3.쌍신변(4-5):가장빠름
		2.본삼매속행과정	1.처음등록(1)
			2.신통지(1)
			3.내 가지 도의 마음(1):종생 전체 오지 한번
			4.도의 마음 다음의 과의 마음(2-3)
			5.멸진정
			6.그 외에는 정해진 법칙없다.
		3.본삼매의 상호관계 (도표4.5)	
여러 분류 (도표4.7)	1.개인에 따라	1.원인 없는자	
		2. 두 개의 원인을 가진 자	
		3.세 개의 원인을 가진자	
	2.세상에 따라	1.욕계	
		2.색계	
		3.무색계	

오문전향의 인식과정의 등급

대상		인식 과정 B : Bhavaṅga (바왕가), A : Atīta-bhavaṅga (지나간 바왕가), C : bhavaṅga-calana (바왕가의 동요)U : bhavaṅga-uccheda (바왕가의 끊어짐), P : Pañcadvārāvajjana (오문 전향), E : 전오식 중 하나 Sp : Sampaṭicchana (받아들임), St : Santīraṇa (조사), V : Votthapana (결정) M : Manodvārāvajjana (의문전향), J : Javana (속행), T : Tadārammaṇa (등록)																	
		1	2	3	4	5	6	7	8	9	10	11	12	13	14	15	16	17	
매우 큰 것	1	B	A	C	U	P	E	Sp	St	V	J	J	J	J	J	J	T	T	B
큰 것	2	B	A	A	C	U	P	E	Sp	St	V	J	J	J	J	J	J	B	B
	3	B	A	A	A	C	U	P	E	Sp	St	V	J	J	J	J	J	J	B
작은것	4	B	A	A	A	A	C	U	P	E	Sp	St	V	V	B	B	B	B	B
	5	B	A	A	A	A	A	C	U	P	E	Sp	St	V	V	V	B	B	B
	6	B	A	A	A	A	A	A	C	U	P	E	Sp	St	V	V	V	B	B
	7	B	A	A	A	A	A	A	A	C	U	P	E	Sp	St	V	V	V	B
	8	B	A	A	A	A	A	A	A	A	C	U	P	E	Sp	St	V	V	V
	9	B	A	A	A	A	A	A	A	A	A	C	U	P	E	Sp	St	V	V
매우	10	B	A	A	A	A	A	A	A	A	A	A	C	C	B	B	B	B	B

작은 것	11	B	A	A	A	A	A	A	A	A	A	A	A	A	C	C	B	B	B	B	B
	12	B	A	A	A	A	A	A	A	A	A	A	A	A	C	C	B	B	B	B	B
	13	B	A	A	A	A	A	A	A	A	A	A	A	A	A	C	C	B	B	B	B
	14	B	A	A	A	A	A	A	A	A	A	A	A	A	A	A	C	C	B	B	B
	15	B	A	A	A	A	A	A	A	A	A	A	A	A	A	A	A	C	C	B	B

의문에서의 욕계의 인식과정 (제한된 속행과정)

대상	제한된 속행과정												
		1	2	3	4	5	6	7	8	9	10	11	12
선 명 한 것	B	〈 C	U	M	J	J	J	J	J	J	J	T	T 〉	B
희 미 한 것	B	〈 C	U	M	J	J	J	J	J	J	J 〉	B	

의문에서의 본 삼매의 인식과정 (본 삼매의 속행과정)

		인식과정 K : Parikamma (준비), Uc : upacāra (근접), An : Anuloma (수순), G : Gotrabhu (종성) Jh : Jhāna (본 삼매), Mg : magga (도), Ph : Phala (과)										
			1	2	3	4	5	6	7	8	9	10
본 삼매 속행과정	보통	B	〈 C	U	M	K	Uc	An	G	Jh 〉	B	B	B
	예리함	B	〈 C	U	M	Uc	An	G	Jh 〉	B	B	B	
도와 과의 증득의 속행과정	보통	B	〈 C	U	M	K	Uc	An	G	Mg	Ph	Ph 〉	B
	예리함	B	〈 C	U	M	Uc	An	G	Mg	Ph	Ph	Ph 〉	B

본 삼매에서의 상호관계

본 삼매의 속행과정				
(준비), 근접, 수순, 종성		본 삼매(jhāna)	마음 번호	개수
범 부	욕계. 喜. 지혜, 유익 (31), (32)	색계1-4선정	(55) - (59)	4
		도의 마음 (수다원-아라한)	(82)-(85), (87)-(90), (92)-(95), (97)-(100)	16
		과의 마음 (수다원-아나함)	(102)-(105), (107)-(110), (112)-(115)	12
		합계		32
유 학	욕계. 捨. 지혜, 유익 (35), (36)	색계5선정	(59)	1
		무색계 4가지	(70) - (73)	4
		도의 마음 (수다원-아라한)	(86), (91), (96), (101)	4
		과의 마음 (수다원-아나함)	(106), (111), (116)	3
		합계		12
아 라 한	욕계. 喜. 지혜, 작용 (47), (48)	색계1-4선정	(65)-(68)	4
		아라한과의 마음	(117)-(120)	4
		합계		8
	욕계. 捨. 지혜, 작용 (51), (52)	색계5선정	(69)	1
		무색계 4가지	(78) - (81)	4
		아라한과의 마음	(121)	1
		합계		6

등록의 법칙

대상		전 오식 이전	전오식	받아 들임	조사	결정	속행	등록	바왕가
범부 유학	원 하 지 않음		不善 과보 (捨)* 신식 (苦)					不善 과보 조사 (捨)	
	원함		善 과보 (捨)* 신식 (樂)					善 과보 조사 (2) 큰 과보 (8)	
	열 렬 히 원함		捨.樂	捨	善 과 보 조사 (喜)			善 과 보 조사 (喜) 喜 큰 과보 (4)	
아라한	원 하 지 않음		不善 과 보 (捨)				捨 작용(4)	不善 과보 조사 (捨)	
			* 신식 (苦)						
	원함		善 과보 (捨)				捨 작용(4)	善 과 보 조사 (捨)	
			* 신식 (樂)					捨 큰 과보 (4)	
	열 렬 히 원함		捨.樂	捨	善 과 보 조사 (喜)		喜 작용(4)	善 과 보 조사 (喜) 喜 큰 과보 (4)	
레디 샤야도의 다른 견해가 있다							불 선 악 의 (憂)	捨 과보	捨
외 래 의 바왕가							불 선 악 의 (憂)	등록 없을 때 捨 조사가 한번	喜

개인과 세상과 마음들

註 : 이 표에서는 도의 증득을 나타내는 한 찰나의 마음은 제외 됐다.

개인	욕계 세상		색계 세상		무색계 세상	
악처의 원인 없는 재생연결식을 가진 범부	12가지 해로운, 17가지 원인 없는, 8가지 유익한	37	· · ·		· · ·	
선처의 원인 없는 재생연결식을 가진 범부	12가지 해로운, 17가지 원인 없는, 8가지 유익한, 4가지 지혜 없는 아름다운 과보	41	· · ·		· · ·	
두 원인을 가진 범부	12가지 해로운, 17가지 원인 없는, 8가지 유익한, 4가지 지혜 없는 아름다운 과보	41	· · ·		· · ·	
세 원인을 가진 범부	위의 41가지 마음, 4가지 지혜 있는 과보, 9가지 고귀하고 유익한 마음	54	10가지 해로운, 11가지 원인 없는, 8가지 유익한, 5가지 색계 과보	43	10가지 해로운, 의문전향, 8가지 유익한, 4가지 무색계 유익한, 4가지 무색계 과보	27
예류 자	위의 마음에서 5가지 해로운 (4가지 사견과 함께하는, 1가지 의심과 함께하는) 빼고 예류과 더하고	50	위의 마음에서 5가지 (4가지 사견과 함께하는, 1가지 의심과 함께하는 해로운) 빼고 예류과 더하고	39	위의 마음에서 5가지 (4가지 사견과 함께하는, 1가지 의심과 함께하는 해로운) 빼고 예류과 더하고	23
일래 자	예류과 대신 일래과 넣고 위와 동일	50	예류과 대신 일래과 넣고 위와 동일	39	예류과 대신 일래과 넣고 위와 동일	23
불환 자	위의 마음에서 2가지 해로운 (성냄과 함께하는) 빼고 일래과 대신 불환과 넣고	48	일래과 대신 불환과 넣고 위와 동일	39	일래과 대신 불환과 넣고	23
아라한	18가지 원인 없는, 8가지 욕계 과보, 8가지 욕계 작용, 9가지 고귀한 작용, 아라한과	44	12가지 원인 없는, 8가지 욕계 작용, 9가지 고귀한 작용, 5가지 색계 과보, 아라한과	35	의문 전향, 8가지 욕계 아름다운 작용, 4가지 무색계 작용, 4가지 무색계 과보, 아라한과	18

과정을 벗어난 마음

욕계 천상의 수명

천상		천상 일	천상 년	인간 년
6	타화자재천	1600 인간 년	16000	약 9216000000 년
5	화락천	800 인간 년	8000	약 2304000000 년
4	도솔천	400 인간 년	4000	약 576000000 년
3	야마천	200 인간 년	2000	약 144000000 년
2	삼십삼천 (=제석천)	100 인간 년	1000	약 36000000 년
1	사대왕천	50 인간 년	500	약 9000000 년

세상

세상			영역			수명
무색계	4		31	비상비비상처천		84000 대겁
			30	무소유처천		60000 대겁
			29	식무변처천		40000 대겁
			28	공무변처천		20000 대겁
색계	16	4선	27	정거천	색구경천	16000 대겁
			26		선견천	8000 대겁
			25		선현천	4000 대겁
			24		무열천	2000 대겁
			23		무번천	1000 대겁
			22	무상유정천		500 대겁
			21	광과천		500 대겁
		3선	20	변정천		64 대겁
			19	무량정천		32 대겁
			18	소정천		16 대겁
		2선	17	광음천		8 대겁
			16	무량광천		4 대겁
			15	소광천		2 대겁
		초선	14	대범천		1 무량겁
			13	범보천		1/2 무량겁
			12	범중천		1/3 무량겁
욕계	11	육욕천	11	타화자재천		16000 천상 년
			10	화락천		8000 천상 년
			9	도솔천		4000 천상 년
			8	야마천		2000 천상 년
			7	삼십삼천		1000 천상 년
			6	사대왕천		500 천상 년
		인간	5	인간		정해지지 않음
		악처	4	아수라계		정해지지 않음
			3	아귀계		정해지지 않음
			2	축생계		정해지지 않음
			1	지옥		정해지지 않음

네 가지 재생 연결

재생 연결		마음 번호	마음의 개수 (19)	태어나는 곳과 형태	
욕계	不善・捨・과보・조사	-19	1	악처	지옥・아귀・축생・수라
	善・捨・과보・조사	-27	1	선처	불구의 인간, 하급 천인・정령
	善・과보・有因 (2因, 3因)	(39) - 46)	8		불구가 아닌 인간, 天人
색계	색계 과보	(60) - (64)	5	색계	색계 천인
무색계	무색계 과보	(74) - (77)	4	무색계	무색계 천인

업의 개요

기능에 따라		과보를 생산하는 순서에 따라		성숙하는 시간에 따라		과보를 생산할 장소에 따라	
1	생산 업	1	무거운 업	1	금생에 받는 업	1	해로운 업
2	돕는 업	2	임종에 다다라 지은 업	2	다음 생에 받는 업	2	욕계 유익한 업
3	방해 업	3	습관적인 업	3	끊임없이 받는 업	3	색계 유익한 업
4	파괴 업	4	이미 지은 업	4	효력이 없는 업	4	무색계 유익한 업

욕계 선업의 과보

욕계 선한 마음들	재생의 과보	삶의 과정 중의 과보		
		원인 없는 과보	원인 가진 과보 (일반적인 견해)	원인 가진 과보 (다른 견해)
1번 수승	3개 원인	모두 8개	01월 08일	1, 3, 5, 7
1번 저열	2개 원인	모두 8개	3, 4, 7, 8	3, 7
2번 수승	3개 원인	모두 8개	01월 08일	2, 4, 6, 8
2번 저열	2개 원인	모두 8개	3, 4, 7, 8	4, 8
3번 수승	2개 원인	모두 8개	3, 4, 7, 8	3, 7
3번 저열	원인 없음	모두 8개	없음	없음
4번 수승	2개 원인	모두 8개	3, 4, 7, 8	4, 8
4번 저열	원인 없음	모두 8개	없음	없음
5번 수승	3개 원인	모두 8개	01월 08일	1, 3, 5, 7
5번 저열	2개 원인	모두 8개	3, 4, 7, 8	3, 7
6번 수승	3개 원인	모두 8개	01월 08일	2, 4, 6, 8
6번 저열	2개 원인	모두 8개	3, 4, 7, 8	4, 8
7번 수승	2개 원인	모두 8개	3, 4, 7, 8	3, 7
7번 저열	원인 없음	모두 8개	없음	없음
8번 수승	2개 원인	모두 8개	3, 4, 7, 8	4, 8
8번 저열	원인 없음	모두 8개	없음	없음

업과 업의 과보

욕계 업 (의도적 행위)		업의과보								
		세상		원인 없는 불선 과보		원인 없는 선 과보		큰 과보		합계
		재생연결	삶의 과정	조사 평온	나머지	조사 평온	나머지	지혜 없는	지혜 있는	
1	불선 (들뜸 제외) (11)	악도	4	1						1
2	불선 (12)		욕계 모두	11	1	6				7
			색계 모두	15	1	3				4

#		범주							합계
3	세 원인을 가진 수승한 선 (4)	욕계 고귀	7				4	4	
		욕계 모두	11	1	7	4	4		16
		색계 모두	15	1	4				5
4	세 원인을 가진 저열 (4)	욕계 고귀	7				4	4	
	두 원인을 가진 수승한 (4)	욕계 모두	11	1	7	4			12
		색계 모두	15	1	4				5
5	두 원인을 가진 저열한 선 (4)	인간, 신들	2		1				1
		욕계 모두	11	1	7				8
		색계 모두	15	1	4				5

	고귀한 의도들	세상	재생, 바왕가, 죽음
6	초선 - 저열	범중천	초선의 과보
	초선 - 중간	범보천	
	초선 - 수승	대범천	
7	2선 - 저열	소광천	2선의 과보
	2선 - 중간	무량광천	
	2선 - 수승	광음천	
8	3선 - 저열	소광천	3선의 과보
	3선 - 중간	무량광천	
	3선 - 수승	광음천	
9	4선 - 저열	소정천	4선의 과보
	4선 - 중간	무량정천	
	4선 - 수승	변정천	
10	5선 - 보통	광과천	5선의 과보
	5선 - 인식에 혐오	무상유정천	없음
	5선 - 불환 자	정거천	5선의 과보
11	공무변처	공무변처	제 1 무색계 과보
12	식무변처	식무변처	제 2 무색계 과보
13	무소유처	무소유처	제 3 무색계 과보
14	비상비비상처	비상비비상처	제 4 무색계 과보

죽음과 재생

B : Bhavaṅga (바왕가), A : Atīta-bhavaṅga (지나간 바왕가), C : bhavaṅga-calana (바왕가의 동요) U : bhavaṅga-uccheda (바왕가의 끊어짐), P : Pañcadvārāvajjana (오문 전향), E : 전오식 중 하나 Sp : Sampaṭicchana (받아들임), St : Santīraṇa (조사), V : Votthapana (결정), M : Manodvārāvajjana (의문전향) J : Javana (속행), T : Tadārammaṇa (등록), K : 업 (kamma), KN : 업의 표상 (kamma-nimitta) GN : 태어날 곳의 표상 (gati-nimitta), Pt : 재생연결식 (paṭisandhi), Cc : 죽음의 마음 (cuti-citta)

대상/마음	전생				현생																	
					죽음 직전의 마음 (**K/ KN/ GN 중에 하나가 대상이 됨)																
	Pt	-	-	Cc	Pt	-	-	B	A	C	U	P	E	Sp	St	V	J	J	J	J	J	Cc

	내생					3생			4생		
(**)가 대상이 된다	내생의 대상										
Pt	B1	B2	B3	-	B16	M J J J J J J J B - - Cc	Pt	-	-	Cc	Pt	-	-	Cc

재생연결의 대상과 시간

세계	대상	형태		시간	문
욕계	業	그 생에 지은 선업, 불선업		과거	意門
	業相	업의 표상		과거, 현재	前五門, 意門
	趣相	태어날 곳의 표상			
		위빠위니 띠까 등	색의 형상	현재	意門
		청정도론 디빠니 등	색, 성, 향, 미, 촉, 법의 형상	과거, 현재	前五門, 意門
색계	業相	개념 (nimitta)		시간을 초월	意門
무색계	業相	1선, 3선	개념	시간을 초월	意門
		2선, 4선	1선의 마음, 3선의 마음	과거	意門

범부의 재생의 결정

	과거세상	죽음의 마음	새 세상	재생연결 식
31	비상비비상처	4번째 무색계 과보	5-11, 31	4번째 무색계 과보세 원인 욕계 과보 (4)
30	무소유처	3번째 무색계 과보	5-11, 30-31	3-4번째 무색계 과보세 원인 욕계 과보 (4)
29	식무변처	2번째 무색계 과보	5-11, 29-31	2-4번째 무색계 과보세 원인 욕계 과보 (4)
28	공무변처	1번째 무색계 과보	5-11, 28-31	1-4번째 무색계 과보세 원인 욕계 과보 (4)
22	무상유정천	없음	05월 11일	욕계 큰 과보 (8)
21	광과천	5선의 색계 과보	05월 31일	12와 동일
20	변정천	4선의 색계 과보	05월 31일	12와 동일
19	무량정천	4선의 색계 과보	05월 31일	12와 동일
18	소정천	4선의 색계 과보	05월 31일	12와 동일
17	광음천	2-3선의 색계 과보	05월 31일	12와 동일
16	무량광천	2-3선의 색계 과보	05월 31일	12와 동일
15	소광천	2-3선의 색계 과보	05월 31일	12와 동일
14	대범천	초선의 색계 과보	05월 31일	12와 동일
13	범보천	초선의 색계 과보	05월 31일	12와 동일
12	범중천	초선의 색계 과보	05월 31일	욕계 큰 과보 (8), 색계 과보 (5) 무색계 과보 (4)
11	타화자재천	7과 동일	7과 동일	7과 동일
10	화락천	7과 동일	7과 동일	7과 동일
9	도솔천	7과 동일	7과 동일	7과 동일
8	야마천	7과 동일	7과 동일	7과 동일
7	삼십삼천	두 원인 욕계과보 (4) 세 원인 욕계과보 (4)	01월 11일 01월 31일	조사 (2), 욕계 큰 과보 (8) 모두 가능
6	사대왕천	5와 동일	5와 동일	5와 동일
5	인간계	선한 과보 조사 (1)	01월 11일	조사 (2), 욕계 큰 과보 (8)
		두 원인 욕계과보 (4)	01월 11일	조사 (2), 욕계 큰 과보 (8)
		세 원인 욕계과보 (4)	01월 31일	모두 가능
4	아수라	불선 과보 조사 (1)	01월 11일	조사 (2), 욕계 큰 과보 (8)
3	아귀	불선 과보 조사 (1)	01월 11일	조사 (2), 욕계 큰 과보 (8)
2	축생계	불선 과보 조사 (1)	01월 11일	조사 (2), 욕계 큰 과보 (8)
1	지옥	불선 과보 조사 (1)	01월 11일	조사 (2), 욕계 큰 과보 (8)

유학의 재생의 결정

	과거 세상	죽음의 마음	새 세상	재생연결 식
31	비상비비상처	4번째 무색계 과보 (4)	31	4번째 무색계 과보

30	무소유처	3번째 무색계 과보 (4)	30-31	3-4번째 무색계 과보
29	식무변처	2번째 무색계 과보 (4)	29-31	2-4번째 무색계 과보
28	공무변처	1번째 무색계 과보 (4)	28-31	1-4번째 무색계 과보
27	색구경천	5선의 색계 과보	없음	없음
26	선견천	5선의 색계 과보	27	5선 색계 과보
25	선현천	5선의 색계 과보	26-27	5선 색계 과보
24	무열천	5선의 색계 과보	25-27	5선 색계 과보
23	무번천	5선의 색계 과보	24-27	5선 색계 과보
21	광과천	5선의 색계 과보	21, 23-31	5선 색계 과보, 무색계 과보 (4)
20	변정천	4선의 색계 과보	20-21, 23-31	4-5선 색계 과보, 무색계 과보 (4)
19	무량정천	4선의 색계 과보	19-21, 23-31	4-5선 색계 과보, 무색계 과보 (4)
18	소정천	4선의 색계 과보	18-21, 23-31	4-5선 색계 과보, 무색계 과보 (4)
17	광음천	2-3선의 색계 과보	17-21, 23-31	2-5선 색계 과보, 무색계 과보 (4)
16	무량광천	2-3선의 색계 과보	16-21, 23-31	2-5선 색계 과보, 무색계 과보 (4)
15	소광천	2-3선의 색계 과보	15-21, 23-31	2-5선 색계 과보, 무색계 과보 (4)
14	대범천	초선의 색계 과보	14-21, 23-31	1-5선 색계 과보, 무색계 과보 (4)
13	범보천	초선의 색계 과보	13-21, 23-31	1-5선 색계 과보, 무색계 과보 (4)
12	범중천	초선의 색계 과보	12-21, 23-31	1-5선 색계 과보, 무색계 과보 (4)
11	타화자재천	5번과 동일	5번과 동일	5번과 동일
10	화락천	5번과 동일	5번과 동일	5번과 동일
9	도솔천	5번과 동일	5번과 동일	5번과 동일
8	야마천	5번과 동일	5번과 동일	5번과 동일
7	삼십삼천	5번과 동일	5번과 동일	5번과 동일
6	사대왕천	5번과 동일	5번과 동일	5번과 동일
5	인간	세 원인 욕계 과보 (4)	5-21, 23-31	세 원인 욕계 과보 (4), 색계 과보 (5) 무색계 과보 (4)

물질

물질의 개요

18가지 구체적인 물질 (nipphanna-rūpa)		
근본물질(bhūta-rūpa)	1	땅의 요소 (paṭhavī-dhātu, 地界)
	2	물의 요소 (āpo-dhātu , 水界)
	3	불의 요소 (tejo-dhātu, 化界)
	4	바람의 요소 (vāyo-dhātu, 風界)
감성의 물질(pasāda-rūpa)	5	눈의 감성 (cakkhu-pasāda)
	6	귀의 감성 (sota-pasāda)
	7	코의 감성 (ghāna-pasāda)
	8	혀의 감성 (jivhā-pasāda)
	9	몸의 감성 (kāya-pasāda)
대상의 물질(gocara-rūpa)	10	색 (rūpa ,色)
	11	소리 (sadda, 聲)
	12	냄새 (ghanda, 香)
	13	맛 (rasa, 味)
성의 물질 (bhāva-rūpa)	14	여성 (itthibhāva)
	15	남성 (pumbhāva)
심장의 물질 (hadaya-rūpa)	16	심장 토대 (hadaya-vatthu)
생명의 물질 (jīvita-rūpa)	17	생명 기능 (jīvitindriya, 命根)

음식의 물질 (āhāra-rūpa)	18	영양소 (ojā)
10가지 추상적인 물질 (anipphanna-rūpa)		
제한 (paricceda-rūpa)	19	허공의 요소 (ākāsa-dhātu, 空界)
암시 (viññatti-rūpa)	20	몸의 암시 (kāya-viññatti)
	21	말의 암시 (vacī-viññatti)
변화 (vikāra-rūpa)	22	물질의 가벼움 (rūpassa-lahutā)
	23	물질의 부드러움 (rūpassa-mudutā)
	24	물질의 적합함 (rūpassa-kammaññatā)
특징 (lakkhaṇa-rūpa)	25	생성 (upaccaya)
	26	상속 (santati)
	27	쇠퇴 (jaratā)
	28	무상함 (aniccatā)

구체적인 물질 (rūpa)

물질 rūpa	구체적인 물질	근본물질			특징	역할	나타남	가까운 원인
		근본물질	1	땅의 요소	딱딱함	토대	받아들임	수, 화, 풍
			2	물의 요소	흘러내림	함께 일어난 물질을 강화, 증가, 확장	결합함	지, 화, 풍
			3	불의 요소	뜨거움	함께 일어난 법들을 익히게 함	부드러움을 공급함	지, 수, 풍
			4	바람의 요소	팽창함	움직이게 함	전달함	지, 수, 화
		감성	5	눈의 감성	형상이 부딪쳐 오는 것에 만반의 준비가 된 근본물질로 된 감성	형상들에서 눈의 알음알이를 끌어당기는 것	눈의 알음알이의 기반	보고자하는 욕망에서 기인한 업에서 생긴 물질
			6	귀의 감성	소리가 부딪쳐 오는 것에 만반의 준비가 된 근본물질로 된 감성	소리들에서 귀의 알음알이를 끌어당기는 것	귀의 알음알이의 기반	듣고자하는 욕망에서 기인한 업에서 생긴 물질
			7	코의 감성	냄새가 부딪쳐 오는 것에 만반의 준비가 된 근본물질로 된 감성	냄새들에서 눈의 알음알이를 끌어당기는 것	코의 알음알이의 기반	냄새를 맡고자하는 욕망에서 기인한 업에서 생긴 물질
			8	혀의 감성	맛이 부딪쳐 오는 것에 만반의 준비가 된 근본물질로 된 감성	맛들에서 눈의 알음알이를 끌어당기는 것	혀의 알음알이의 기반	맛보고자하는 욕망에서 기인한 업에서 생긴 물질
			9	몸의 감성	감촉이 부딪쳐 오는 것에 만반의 준비가 된 근본물질로 된 감성	맞닿음 들에서 눈의 알음알이를 끌어당기는 것	몸의 알음알이의 기반	맞닿고자하는 욕망에서 기인한 업에서 생긴 물질
		대상	10	색	눈에 부딪힘	안식의 대상	안식의 영역	지, 수, 화, 풍
			11	성	귀에 부딪힘	이식의 대상	이식의 영역	지, 수, 화, 풍
			12	향	코에 부딪힘	비식의 대상	비식의 영역	지, 수, 화, 풍
			13	미	혀에 부딪힘	설식의 대상	설식의 영역	지, 수, 화, 풍
		성	14	여성	여성	여자임을 보여줌	여자의 외관적인 표시, 속성, 활동 자세에 대한 이유	지, 수, 화, 풍
			15	남성	남성	남자임을 보여줌	여자의 외관적인 표시, 속성, 활동 자세에 대한 이유	지, 수, 화, 풍
		심장	16	심장 토대	의계와 의식계의 의지처가 됨	그들에게 장소를 제공함	그들을 지님	지, 수, 화, 풍
		생명	17	생명 기능	함께 태어난 물질을 지탱함	그들이 생기게 함	그들이 존재함	지속되어야할 사대
		음식	18	영양소	영양소	물질에 영양을 공급함	물질을 지탱함	덩이를 만들어 먹는 음식

추상적인 물질(rūpa)

물질 rūpa	추상적인 물질		번호					
물질 rūpa	추상적인 물질	제한	19	허공 의 요소	물질의 범위를 한정함	물질의 경계를 보여줌	물질의 한계를 나타냄	한정된 물질
		암시	20	몸 의 암시	동시에 태어난 물질의 몸을 뻣뻣하게 하고, 지탱하고,움직이는 조건이 됨	의도하는 것을 넌지시 알림	몸을 움직이는 원인이 됨	마음으로부터 생긴 바람의 요소
			21	말 의 암시	업에서 생긴 물질과 서로 부딪치는 조건이 됨	의도하는 것을 넌지시 알림	말하는 소리를 내는 원인이 됨	마음으로부터 생긴 땅의 요소
		변화	22	물 질 의 가벼움	느리지 않음	물질의 무거움을 떨쳐버림	신속하게 변화함	가벼운 물질
			23	물 질 의 부드러움	뻣뻣하지 않음	물질의 뻣뻣함을 떨쳐버림	어떤 행위에서나 거역하지 않음	부드러운 물질
			24	물 질 의 적합함	몸으로 짓는 행위와 조화되도록 다룸이 그 특징이다.	부적합 함을 떨쳐버림	힘이 없지 않음	다루기 쉬운 물질
		특징	25	생성	시작	물질을 처음으로 출현하도록 하는 것	건네줌, 완성된 형태	적집된 물질
			26	상속	활동함	붙들어 매는 것	상속	붙들어 매야할 물질
			27	쇠퇴	물질의 성숙	종말로 인도하는 것	새로움 또는 싱싱함을 잃는 것	성숙되어 가는 물질
			28	무상함	완전히 부서짐	가라앉게 함	파괴와 사라짐	부서지고 있는 물질

물질의 원인이 되는 마음들

마음	마음의 수	마음에서 생긴 물질	자세	암시	미소
기쁨과 함께한 탐욕에 뿌리 한 것	4	있음 (*)	*	*	*
평온과 함께한 탐욕에 뿌리 한 것	4	*	*	*	없음 (·)
성냄에 뿌리 한 것	2	*	*	*	·
미혹에 뿌리 한 것	2	*	*	*	·
전 오식	10	·	·	·	·
받아들임	2	*	*	·	·
조사	3	*	*	·	·
오문전향	1	*	*	·	·
의문전향	1	*	*	·	·
미소 짓는	1	*	*	*	·
기쁨과 함께 욕계 선	4	*	*	*	*
평온과 함께 욕계 선	4	*	*	*	·
욕계 과보	8	*	·	·	·
기쁨과 함께 욕계 작용	4	*	*	*	*
평온과 함께 욕계 작용	4	*	*	*	·
색계 선	5	*	*	·	·
색계 과보	5	*	·	·	·
색계 작용	5	*	*	·	·
무색계 선	4	*	*	·	·
무색계 과보	4	·	·	·	·
무색계 작용	4	*	*	·	·
출세간	8	*	*	·	·
신통 지	2	*	*	*	·

물질

28가지 물질들 — 16가지 분류

#	물질	근본	파생	안	밖	토대	토대아님	문	문아님	기능	기능아님	미세물질	거친물질	취착	취착않음	대상가짐	대상없음	분리못함	분리함
1	땅	●			●		●		●		●		●	●	●		●	●	
2	물	●			●		●		●		●	●		●	●		●	●	
3	불	●			●		●		●		●		●	●	●		●	●	
4	바람	●			●		●		●		●		●	●	●		●	●	
5	눈		●	●		●		●		●			●	●		●			●
6	귀		●	●		●		●		●			●	●		●			●
7	코		●	●		●		●		●			●	●		●			●
8	혀		●	●		●		●		●			●	●		●			●
9	몸		●	●		●		●		●			●	●		●			●
10	형상		●		●		●		●		●		●	●	●		●	●	
11	소리		●		●		●		●		●		●		●		●		●
12	냄새		●		●		●		●		●		●	●	●		●	●	
13	맛		●		●		●		●		●		●	●	●		●	●	
*	감촉	땅, 불, 바람의 3요소임																	
14	여성		●		●		●		●	●		●		●			●		●
15	남성		●		●		●		●	●		●		●			●		●
16	심장토대		●		●	●			●		●	●		●			●		●
17	생명기능		●		●		●		●	●		●		●			●		●
18	영양소		●		●		●		●		●	●		●	●		●	●	
19	허공		●		●		●		●		●	●		●	●		●		●
20	몸의암시		●		●		●	●			●	●			●		●		●
21	말의암시		●		●		●	●			●	●			●		●		●
22	가벼움		●		●		●		●		●	●			●		●		●
23	부드러움		●		●		●		●		●	●			●		●		●
24	적합함		●		●		●		●		●	●			●		●		●
25	생성		●		●		●		●		●	●			●		●		●
26	지속		●		●		●		●		●	●			●		●		●
27	쇠퇴		●		●		●		●		●	●			●		●		●
28	무상		●		●		●		●		●	●			●		●		●
합계		4	24	5	23	6	22	7	21	8	20	16	12	18	19	5	23	8	20

4가지 원인 — 21가지 깔라빠

그룹: 4가지 원인 (업생·마음생·온도생·음식생) / 21가지 깔라빠 = 9가지 업에서 생긴 + 6가지 마음에서 생긴 + 4가지 온도에서 + 2가지 음식에서

	업생	마음생	온도생	음식생	눈십원소	귀십원소	코십원소	혀십원소	몸십원소	여성십원소	남성십원소	토대십원소	명근구원소	청정팔원소	몸암시구원소	말암시십원소	심일원소	심이원소	심삼원소	청정팔원소	소리구원소	심일원소	심이원소	청정팔원소	심일원소
1 땅	●	●	●	●	●	●	●	●	●	●	●	●	●	●	●	●	●	●	●	●	●	●	●	●	●
2 물	●	●	●	●	●	●	●	●	●	●	●	●	●	●	●	●	●	●	●	●	●	●	●	●	●
3 불	●	●	●	●	●	●	●	●	●	●	●	●	●	●	●	●	●	●	●	●	●	●	●	●	●

4	바람																								
5	눈																								
6	귀																								
7	코																								
8	혀																								
9	몸																								
10	형상																								
11	소리																								
12	냄새																								
13	맛																								
14	여성																								
15	남성																								
16	심장 토대																								
17	명근																								
18	영양소																								
19	허공																								
20	몸의 암시																								
21	말의 암시																								
22	가벼움																								
23	부드러움																								
24	적합함																								
25	생성																								
26	지속																								
27	쇠퇴																								
28	무상																								
합계		18	15	13	12	10	10	10	10	10	10	10	10	9	8	9	10	11	12	13	8	9	11	12	8	11

범주

오염원들과 마음부수들과의 관계

		번뇌	폭류	속박	매듭	취착	장애	잠재성향	족쇄(1)	족쇄(2)	오염원	합계
1	탐욕											10
2	사견											9
3	미혹											8
4	성냄											6
5	의심											5
6	자만											4
7	들뜸											4
8	해태											2
9	후회											1
10	혼침											1
11	양심 없음											1
12	수치심 없음											1
13	질투											1

14	인색										1
마음부수의 숫자	3	3	3	3	2	8	6	7	9	10	

혼합된 범주

	불선	선	무기	선과 무기	셋이 함께
6가지 원인	탐, 진, 치			불탐, 부진, 불치	
7가지 선의 각지	불만족				심(尋), 사(伺), 기쁨 행복, 집중, 평온
12가지 도의 각지	4가지 삿된 도			8정도	
22가지 기능	불만족	미 지 당 지 (未知當知)	감각기능(5), 성(2), 색명근(色命根)고, 락, 구지(具知)	믿음, 마음챙김, 통찰지, 이지(已知)	명명근(名命根) 마노, 기쁨, 평온 정진, 삼매
9가지 힘	무참(無慚), 무괴(無愧)			믿음, 마음챙김, 통찰지, 수치심, 양심	정진, 삼매
4가지 지배				검증	열의, 정진, 마음
4가지 음식			물질의 음식(段食)		촉식(觸食), 의사식(意思食), 식식(識食)

보리분과 마음, 마음부수들의 관계

		4념처	4정근	4여의족	5근	5력	7각지	8정도	합계
1	정진		■	■	■	■	■	■	9
2	마음 챙김	■	■		■	■	■	■	8
3	통찰지				■	■	■	■	5
4	집중				■	■	■	■	4
5	믿음				■	■			2
6	일으킨 생각							■	1
7	경안						■		1
8	희열						■		1
9	평온						■		1
10	열의			■					1
11	마음			■					1
12	바른 말							■	1
13	바른 행위							■	1
14	바른 생계							■	1

구경법들과 5온(蘊) · 12처(處) · 18계(界)

궁극적 실재	오온	12처		18계	
물질 (28)	색온(色蘊)	안처	거친물질 (12)	안계	거친물질 (12)
		이처		이계	
		비처		비계	
		설처		설계	

		신처		신계	
		색처		색계	
		성처		성계	
		향처		향계	
		미처		미계	
		촉처 (지, 화, 풍의 3물질)		촉계 (지, 화, 풍의 3물질)	
마음부수 (52)	수온(受蘊)	마노의 대상 (法處)	미세한 물질 (16)마음부수 (52) 열반	마노의 대상 (法界)	미세한 물질 (16) 마음부수 (52) 열반
	상온(想蘊)				
	행온(行蘊)				
열반	없음				
마음 (89)	식온(識蘊)	마노의 감각장소(意處)		안식계	
				이식계	
				비식계	
				설식계	
				신식계	
				의계	
				의식계	

조건

도표 8.1 십이(十二) 연기(緣起) (paṭiccasamuppāda, 빠띳짜사뭅빠다)

1. 무명(無明) (avijjā, 아윗자)
2. 행(行) (saṅkhārā, 상카라)
3. 식(識) (viññāṇa, 윈냐나)
4. 명색(名色) (nāmarūpa, 나마루빠)
5. 육입(六入) (saḷāyatana, 살라야타나)
6. 촉(觸) (phassa, 팟사)
7. 수(觸) (vedanā, 웨다나)
8. 애(愛) (taṇhā, 딴하)
9. 취(取) (upādāna, 우빠다나)
10. 유(有) (bhava, 바와)
11. 생(生) (jāti, 자띠)
12. 노사(老死) (jarāmaraṇa, 자라마란나)

연기

삼세	12각지		20형태 및 4무리
과거	1	무명	다섯 과거의 원인들 : 1, 2, 8, 9, 10
	2	상카라(行)	
현재	3	알음알이(識)	다섯 현재의 결과 : 3-7
	4	정신-물질(名色)	
	5	여섯 감각장소(六入)	
	6	감각접촉(觸)	
	7	느낌(受)	
	8	갈애(愛)	다섯 현재의 원인들 : 8, 9, 10, 1, 2
	9	취착(取)	
	10	존재(有)	
미래	11	태어남(生)	다섯 미래의 결과 : 3-7
	12	늙음 · 죽음(老死)	

조건

번호	조건	번호	조건
1	원인의 조건 (因緣)	(2)	함께 생기지 않은 업
2	대상의 조건(所緣緣)	14	과보의 조건(異熟緣)
3	지배의 조건(增上緣)	15	음식의 조건(食緣)
	(1) 대상으로서 지배하는 조건		(1) 물질의 음식
	(2) 함께 생긴 것으로 지배하는 조건		(2) 정신의 음식
4	틈 없이 뒤따르는 조건(無間緣)	16	기능의 조건(根緣)
5	더욱 틈 없이 뒤따르는 조건(等無間緣)		(1) 미리 생긴 조건
6	함께 생긴 조건(俱生緣)		(2) 물질의 생명기능(命根)
7	서로 지탱하는 조건(相互緣)		(3) 함께 생긴 조건
8	의지하는 조건(依止緣)	17	선정의 조건(禪緣)
	(1) 함께 생긴 것으로 의지하는	18	도의 조건(道緣)
	(2) 먼저 생긴 것으로 의지하는	19	서로 관련된 조건(相應緣)
	(ㄱ) 토대가 먼저 생긴 것으로	20	서로 관련되지 않는 조건(不相應緣)
	(ㄴ) 토대와 대상이 먼저 생긴 것으로		(1) 함께 생긴 관련되지 않는
9	강하게 의지하는 조건(親依止緣)		(2) 먼저 생긴 관련되지 않는
	(1) 대상으로서 강하게 의지하는		(3) 뒤에 생긴 관련되지 않는
	(2) 틈 없이 뒤따르는 것으로 강하게 의지하는	21	존재하는 조건(有緣)
	(3) 자연적으로 강하게 의지하는		(1) 함께 생긴 존재하는
10	먼저 생긴 조건(前生緣)		(2) 미리 생긴 존재하는
	(1) 토대로써 먼저 생긴		(3) 뒤에 생긴 존재하는
	(2) 대상으로써 먼저 생긴		(4) 음식으로 존재하는
11	뒤에 생긴 조건(後生緣)		(5) 기능으로 존재하는
12	반복하는 조건(數數修習緣)	22	존재하지 않는 조건(非有緣)
13	업의 조건(業緣)	23	떠나가 버린 조건(離去緣)
	(1) 함께 생긴 업	24	떠나가 버리지 않는 조건(不離去緣)

조건의 통합

2. 대상의 조건	9. 강하게 의지하는 조건	13. 업의 조건	21. 존재하는 조건

				닦음			표상			선의 경지
3.(1) 대상으로써 지배하는 조건 8.(2)(ㄱ) 토대와 대상이 먼저 생긴 것으로 의지하는 조건 10.(2) 대상으로 먼저 생긴 조건 20. 서로 관련되지 않는 조건	3.(1) 대상으로써 지배하는 조건 4. 틈 없이 뒤따르는 조건 5. 더욱 틈 없이 뒤따르는 조건 8.(2)(ㄱ) 토대가 먼저 생긴 것으로 의지하는 조건 10.(1) 토대로써 먼저 생긴 조건 12. 반복하는 조건 13.(2) 함께 생기지 않은 업의 조건 20. 서로 관련되지 않는 조건 22. 존재하지 않는 조건 23. 떠나가 버린 조건		13.(2) 함께 생기지 않은 업의 조건				1. 원인의 조건 3. (1)(2) 지배의 조건 6. 함께 생긴 조건 7. 서로 지탱하는 조건 8.(1)(2)(ㄱ)(ㄴ) 의지하는 조건 10.(1) 토대로써 먼저 생긴 조건 11. 뒤에 생긴 조건 13.(1) 함께 생긴 업의 조건 14. 과보의 조건 15. 음식의 조건 16. 기능의 조건 17. 선정의 조건 18. 도의 조건 19. 서로 관련된 조건 20. 서로 관련되지 않는 조건 24. 떠나가 버리지 않는 조건			

명상주제

명상주제

	명상주제		기질	닦음			표상			선의 경지
까시나	1	땅	모두 다	준비	근접	본	준비	익힌	닦은	초선-5선
	2	물	모두 다	준비	근접	본	준비	익힌	닦은	초선-5선
	3	불	모두 다	준비	근접	본	준비	익힌	닦은	초선-5선
	4	바람	모두 다	준비	근접	본	준비	익힌	닦은	초선-5선
	5	청색	성내는	준비	근접	본	준비	익힌	닦은	초선-5선
	6	황색	성내는	준비	근접	본	준비	익힌	닦은	초선-5선
	7	적색	성내는	준비	근접	본	준비	익힌	닦은	초선-5선
	8	백색	성내는	준비	근접	본	준비	익힌	닦은	초선-5선
	9	허공	모두 다	준비	근접	본	준비	익힌	닦은	초선-5선
	10	광명	모두 다	준비	근접	본	준비	익힌	닦은	초선-5선
부정함	11	부었음	탐하는	준비	근접	본	준비	익힌	닦은	초선만 가능
	12	검푸름	탐하는	준비	근접	본	준비	익힌	닦은	초선만 가능
	13	곪음	탐하는	준비	근접	본	준비	익힌	닦은	초선만 가능
	14	끊어짐	탐하는	준비	근접	본	준비	익힌	닦은	초선만 가능
	15	갉아 먹음	탐하는	준비	근접	본	준비	익힌	닦은	초선만 가능
	16	흩어짐	탐하는	준비	근접	본	준비	익힌	닦은	초선만 가능
	17	난도질	탐하는	준비	근접	본	준비	익힌	닦은	초선만 가능
	18	피가 흐름	탐하는	준비	근접	본	준비	익힌	닦은	초선만 가능
	19	벌레가 버글거림	탐하는	준비	근접	본	준비	익힌	닦은	초선만 가능
	20	해골이 됨	탐하는	준비	근접	본	준비	익힌	닦은	초선만 가능
수념	21	부처님	믿는	준비	근접	·	준비	익힌	·	없음
	22	가르침	믿는	준비	근접	·	준비	익힌	·	없음
	23	승가	믿는	준비	근접	·	준비	익힌	·	없음
	24	계율	믿는	준비	근접	·	준비	익힌	·	없음
	25	보시	믿는	준비	근접	·	준비	익힌	·	없음
	26	천신	믿는	준비	근접	·	준비	익힌	·	없음
	27	고요함	지적인	준비	근접	·	준비	익힌	·	없음
	28	죽음	지적인	준비	근접	·	준비	익힌	·	없음
	29	몸	탐하는	준비	근접	본	준비	익힌	닦은	초선만 가능
	30	들숨 날숨	미혹, 사색	준비	근접	본	준비	익힌	닦은	초선-5선
무량	31	자	성내는	준비	근접	본	준비	익힌	·	초선-4선
	32	비	성내는	준비	근접	본	준비	익힌	·	초선-4선
	33	희	성내는	준비	근접	본	준비	익힌	·	초선-4선

	34	평온(捨)	성내는	준비	근접	본	준비	익힌	·	초선-5선
	35	한 가지 인식	지적인	준비	근접	·	준비	익힌	·	없음
	36	사대의 분석	지적인	준비	근접	·	준비	익힌	·	없음
무색계	37	공무변처	모두 다	준비	근접	본	준비	익힌	·	무색계 1선
	38	식무변처	모두 다	준비	근접	본	준비	익힌	·	무색계 2선
	39	무소유처	모두 다	준비	근접	본	준비	익힌	·	무색계 3선
	40	비상비비상처	모두 다	준비	근접	본	준비	익힌	·	무색계 4선

일곱 가지 청정

청정 I 계(sīla)		수 행
		네 가지 청정한 계
II	마음(citta)	근접삼매와 본 삼매
III	견(diṭṭhi)	특징 등으로써 정신과 물질을 파악함
IV	의심을 극복함(度疑)	정신과 물질들의 조건을 파악하는 것
V	도와 도아님에 대한 지와 견	1	명상의 지혜
		2	생멸의 지혜(약한 단계)
	위빠싸나의 오염원을 장애라고 파악함으로써 도와 도아님의 특징을 정의 하는 것
VI	도 닦음에 대한 지와 견	2	생멸의 지혜(성숙된 단계)
		3	무너짐의 지혜
		4	공포의 지혜
		5	위험의 지혜
		6	역겨움의 지혜
		7	해탈하기를 원하는 지혜
		8	깊이 숙고하는 지혜
		9	행에 대한 평온의 지혜
		10	수순하는 지혜
VI 과 VII 사이에	11	종성의 지혜
VII	지와 견	네 가지 도에 대한 지혜

도에 의한 오염원들의 제거

오염원		예류 자	일래 자	불환 자	아라한
1	미혹				▨
2	양심 없음				▨
3	수치심 없음				▨
4	들뜸				▨
5	탐욕(감각적 욕망)			▨	▨
	탐욕(그 외)				▨
6	사견	▨			
7	자만				▨
8	성냄			▨	▨
9	질투				
10	인색				
11	후회			▨	▨
12	해태				▨
13	혼침				▨
14	의심	▨			
합 계		4	0	3	8

제29품

차크라로 본
몸병 느낌 치료

1. 몸

우리 몸에 있는 차크라는 7개다. 몸에 있는 차크라는 기 에너지가 집중된 곳으로 우리 삶에 있어 우주적 의식(에너지.즉 샥티)의 중심부이다.

2. 병

척추 아래 꼬리뼈 끝에서 정수리까지의 통로 속에 있으며 차크라가 막히면 그 부분에 장기들이 불균형 상태가 되고 고장으로 병이 생긴다.

3. 치료

차크라 각성의 목적은 잠들어 있는 쿤달리니를 깨워서 브라만의 틈새로 들어가게 하기 위함이고 에너지 氣 순환이 원활한 균형을 이루면 치료 될 수 있다.

자신의 건강을 진솔하게 체크해본다.

자신의 건강체크도 (나이: 성별: 남. 여. 직업:)

1.꼬리뿌리 Root( )개	섭식장애	직장암 대장암
	영양실조	척추이상
	아드레날린 부족	면역 관련이상
	발 다리	골다공증 기타 뼈질환
	꼬리뼈이상	
2.단전천골 Sexual( )개	성기능장애 불감증	염증성 장 질환 궤양성 대장염 크롬병 게실염
	무분별한 성행위	맹장염
	여성 자궁근종 자궁내막증 골반	만성요통 좌골신경통
	염증성질환 월경 장애 난소 낭종 난소암	방광 비뇨기 문제
	남성 발기부전 전립선 문제 전립선암	
3.중완 태양신경 총 Solar plexus ( )개	당뇨와 저혈당을 포함한 췌장 문제	담석증
	위 십이지장 궤양과 같은 소화기 장애	치질 하지정맥류
	간경변 간염 간암을 포함한 간 기능 문제	비장 장애
	열공 헤르니아	
4.가슴Heart ( )개	울혈성 심부전증 심장마비 승모판 탈출증 가슴통증	면역계 결핍
	동맥 경화 말초혈관 부전	순환계 이상
	천식 호흡곤란 알레르기	견갑골 사이의 긴장이나 통증
	폐암 폐렴 기관지염 폐기종	어깨 팔 손목터널 증후군 같은 손의 이상
	유방암 유방염 물혹 같은 유방질환	
5.목Throat ( )개	턱 관절 (TMJ)장애	갑산선암 그레이브스병 하시모토병
	목의 림프절 비대 인후암 목의 문제들	만성 인후염 문제
	어린시절 만성 편도선염 갑상선 기능 저하증	목 목소리 입 언어장애 이빨 잇몸의 이상
6.이마 Third eye ( )개	두통	앞면 마비
	상단 전면 축농증 부비강 문제	이명 청각 장애
	신경계 장애	언어장애
	시력 독내장 백내장 황반 변성 실명	후각 장애
	뇌졸중 뇌출혈 뇌종양	
7 정수리 Crown ( )개	불안 우울증 양극성 장애	인지적 망상
	혼수상태 기억상실	루게릭병
	두통 편두통 뇌졸중 뇌종양 간질	정신질환 정신분열 조증 다중인격 장애
	다발성 경화증	치매 알츠하이머병
	파킨스병	주의력 결핍 장애 난독증

합계 1개 이상 3개이상 5개이상 타주도겹침 총 계					
1					
2					
3					
4					
5					
6					
7					

학마을 고다마 명상 (100세 건강 명상 프로그램)자신의 업은 자신이 닦아야 한다. (자업자득)

차크라(cakra)와 쿤달리니(kundaIini)

1. 쿤달리니

척추 기저의 회음부위 근처에 또아리를 튼 독사의 형상을 하고 잠들어 있다. 세바퀴 반의 또아리를 틀고 있으며 이는 각각 깨어있는 상태, 꿈꾸는 상태, 꿈 없는 잠(숙면), 초월의식 상태를 상징한다.

우주의식의 의지처이자 인체의 모든 에너지의 근원이다.

도시의 버스터미널 역전 같은 곳이다.

여기에 모인 에너지는 각 장기로 이어진다.

차크라. 도상. 7요소

7개의 차크라

    1) 무라다라(muIadhara)

    (1)어원:muIa(토대.기초.근본)+adhara(토대.지주)=근본 토대

    (2)위치: 척추의 맨 아래 (남:회음부. 여:자궁경관 뒷면)

1번 뿌리 차크라 무라다라

1번 무라다라 이해하기

1)地/후각/면역계와 골격계 하부 소화관 개설 근원적 토대

2)삶에서 길을 찾고 자신의 두발로 서고 자리 잡고 살고 육체적 영적으로 스스로를 양육 할 수 있게 도와준다.

3)육체적 신체와 연결 명상을 통해서 물라다라 어네지를 정화하고 균형 잡는 것은 당신이 확고하게 뿌리내린 상태를 유지하고 안정적인 자세와 마음의 안정을 발달시키는 데 도움을 준다.

4)브라마 결절(보호 안정의 열망)균형 조화: 삶은 안정적이지만 활동적, 긍정적 에너지와 인내로 채워져 있고 공동체 의식은 가치 있는 관계들을 가져다 준다.

5)불균형 상태/막힘: 공동체에 속하는 것처럼 느끼지 않게 될 수도 있다. 갈피를 못 잡고 우유부단하고 다른 사람과 잘 친해지지 못하고 수입과 직업, 대인 관계로 힘들어 하며 늘 피곤함을 느끼게 될 수도 있다.

6)감정/ 두려움.편견.맹목적 믿음.증오.편협함.성마름.탐욕

2번 차크라 스와디스타나(svadhis.thana)

1)어원: sva(개아.생명력)+adhisthana(근거.자리.거주지)=개아의 자리.생명력의 거주지

2)위치: 신장과 생식기 부위 주위에 있음.

2번 천골 차크라 단전

2번 천골 차크라 단전

스와디스타나. 이해하기

3)水/미각/신체의 액체 성분들.즉혈액.림프액.점액.소변.침등 창조성의 자리다.

4)균형/조화: 섬세하고 직관력 있고 이상주의적이며 꿈과 계획과 건전한 욕망들 가득 차 있는 사람이 된다. 창조성, 즐거움, 성욕, 출산, 통제, 꿈, 공상, 감정, 도덕성의 에너지를 관장하고 시대의 변화를 수용한다.

5)불균형 상태: 성기능장애 불감증, 무분별한 성행위, 여성 저궁근종 자궁내막염, 골반 질병, 염증성 질환, 월경장애, 난소, 낭종, 난소암, 남성 발기부전, 전립선 무제, 전립선암, 장염, 궤양성 대장염, 크롬병, 게실염, 맹장염, 만성요통, 좌골신경통, 방광 비뇨기 문제.

6)감정: 과도하게 감정적, 무감각, 공격성 타인을 조종하려함. 자신의 목적달성을 위한 위선(악어의눈물) 즐거움에 대한거부, 성에 대한 공포, 명상을 통해서 융통성을 증가시킨다.

7)육체: 동맥경화, 노장정맥, 빈혈, 신장과 방광의 문제, 월경질환, 발기부전, 성적 불감증 등

7)육체/ 만성피로증후군 즉 IBS(과민성대장증후군)변비나 치핵, 비만이나 체중감소, 관절염, 발, 무릎, 다리의 문제 균형 감각 부족, 아래 등 통증이나 좌골, 신경통, 섭식장애, 아드레날린부족, 영양실조, 꼬리뼈 이상 직장암, 대장암, 척추이상, 면역이상, 골다공증 기타 뼈 질환 등이다.

8)요가자세: 아래로 향한 개 자세, 나무자세, 의자자세.

3번 차크라 마니푸라(manipura)

3번 태양 신경총 차크라

1)어원:mani(보석)+pua(도시.요새)=보석의 도시

3번 태양 신경총 차크라

2)위치: 배꼽높이 척추 내

마니푸라 이해하기

3)火/시각/소화의 불(췌장과 간을 포함한 소화기관과 근육을 통제하고 내적 항온유지장치로 작용)

4) 균형 힘의기반: 독특하고 귀중하고 자신 있으며 활기참. 당신의 카리스마에 반응하고 당신의 성실함을 존중(개인의 명예와 관련) 자아의식, 의지력, 자존감, 여기서부터 개인의 아직 유연한 경계들을 단단하게 고정시키고 행위하고 적응하는 능력이 생긴다. 명상을 통해서 삶에서 자신과 자신의 상황을 변화시키는 능력을 향상시킴.

5)불균형상태/막힘: 다른 이들을 조정하려거나 다른 이들에 의해서 통제되려는 욕구. 당뇨와 저혈당을 포함한 췌장문제 위, 십이장 궤양과 같은 소화기 장애, 간암, 간경변, 간염 포함한 간 기능 문제 담석증, 치질, 하지정맥, 비장 장애.

6)감정: 허영, 자만심, 분노, 증오.

과도: 감수성이 부족 에너지 소진 됨(자기 권력 확대에 대한 횡포한 관심과 명성에 대한 욕망의 원천을 가진.비판적이고 호전적인 완벽 주의자의 영역)

부족: 관심을 구하는 것뿐 아니라 정서적인 궁핍함의 원천이 됨 내면의 불이 부족하면 또한 생각을 실천하는 에너지가 부족. 거절을 두려워 함

7)육체: 소화문제, 음식 과민증, 혈당 당뇨, 식사장애, 마비, 근육경련과 연관

8)요가자세:(웃디야나 반다)삼각자세, 척추 반 비틀기, 비튼 의자 자세.

4번 차크라 아나하타 (anahata)

1)어원: a (부정.否定)+nahata(파괴하다.늙다.끊어지다)=늙지 않다. 끊어지지 않다. 부서지지 않다.

2)위치: 심장위 밑 뒤 척추 내

4번 가슴 차크라

아나하타 이해하기: 풍/촉각/심장과폐를 관장.

3)개설/심장센터: 물질적 영역과 영적 영역들을 연결(상위 차크라 에너지들이 물질적 수준으로 나타나고 하위 차크라의 단단한 에너지가 보다 미세한 형태로 변화되어 생각, 사고, 영감 등으로 나타남.

예) 질병/심신 연관: 타인에게 손을 내밀어 접촉하고 자신의 삶의 즐거움에 의해 감동 받도록 허락하고 고무함.

4)균형/조화: 하위 차크라에 근거하지만 새처럼 자유로움과 자신을 받아 들이고 사람을 믿고 인정 많고 관대하며 희망으로 가득차 있고 정서적으로 자율적이 됨.

5)불균형/상태/ 막힘: (과도함)에너지 너무 비현실적 이어서 흩어지게 되어 대지로 내려오기 어렵게 됨. 심부전증, 심장마비, 승모판 탈출증, 가슴통증, 동맥경화, 말초혈관 부전, 천식, 호흡곤란, 알레르기, 폐암, 폐렴, 기관지염, 폐기종, 유방암, 자궁질환(물혹), 유방질환, 면역계 결핍, 순환계 이상, 견갑골 긴장이나 통증, 어깨 팔 손목터널 증후군 같은 손의 이상.

6)감정: 외로움, 고립감, 상처 입는 것을 두려워함.

불활성이 심각하여 즐거움이 부족하다고 느낌. 소유욕이 강하거나 집착, 질투가 심함. 이기적이 됨. 감정적 불만족 또는 자의식이 강함. 심지어 반사회적인 느낌.

7)육체: 천식, 폐렴, 기관지염, 윗등이나 어깨통증, 폐암, 유방암에 걸릴 수도 있음,

8)요가 자세: 활 자세, 낙타자세, 하누만 자세.

5번 차크라 -비숫다(visuddha)

1)어원: visuddhi=청정, 순수

2)위치: 인후 부위의 척추 내

5번 목 차크라

비슷다 이해하기: 공/청각/입, 혀, 인후, 귀, 눈, 손을 관장

5번 목 차크라

3)개설; 의사소통센터. 심장과 마음 사이의 다리 (창조의 충동이 마음에 일어남 말로 표현) 의지, 선택권, 진실감을 관장(결정에 대해 책임을 지고 믿는 것을 강력하게 옹호함)영적인 소리를 발현시킴

4)균형/조화: 타인에게 더 귀 기울이고 공감하는 힘 발달. 자신의 마음에 관심을 두고 침묵 속에서 시간을 보냄. 타인의 견해에 두려움 없이 자신의 신념, 창조성, 정서적 요구를 솔직하게 표현 함.

5) 불균형/막힘: 의사소통 능력 왜곡, 턱 관절(TM)장애, 목의 림프절 비대 인후암 목의 문제들 만성 편도선염, 갑상선 기능 저하증, 갑상선암, 그레이브스병, 하시모토병, 만성 인후염 문제 목, 목소리 입 언어장애, 치아와 잇몸의 이상

6) 감정: 진실하지 않은 말을 하거나 내적 불안. 불만을 표현하기보다 태연한 척 하기도 함. 신념주장. 꿈 실현 능력 억제 반대로 보이기도 함 잡담, 과식, 흡연, 알코올 의존증 등 많은 부정성과 연결

7) 육체: 푸념, 식사장애, 스트레스 증상 심지어 청각 장애에 영향을 끼침.

8) 요가: 웃자이 호흡, 어깨로 서기, 쟁기자세, 사자자세.

6번 차크라 아갸(Ajna) (앞이마)

1)어원: 아갸(ajna)=명령, 권위
2)위치: 양미간 중앙 바로 뒤

6번 제3의 눈 이마 차크라

아갸 이해하기

3)개설: 에너지 통로의 마지막 합류점. 마음과 자아의식 관장. 육체적으로 눈, 귀, 코, 머리뼈 바닥을 관장. 다른 차크라들과 관련 에너지 통로를 통제함과 동시에 다섯 감각 기관과 의식적, 무의식적 마음을 다룸(미세 신체 명령 센터)(인성에 가장 강력한 영향을 미침. 판단, 감성지능, 현실성, 합리성, 지혜에 대한 생각의 자리, 명상을 통해 지혜와 명료한 예지력, 직관력을 증가시킴. 삶의 더 큰 세계를 알기 시작 할 수 있게 허용함.

4)균형/조화: 판단 없이 세상을 보고 감각의 범주 내외의 모든 것 인식(직관, 심령적 지각 작용의 원천) 마음이 집중되고 생기로 넘침. 카리스마 있고 매우 직관적, 물질적 부에 집착 않음. 심령적 현상을 경험하는 경향 있음(하위 차크라들의 균형 촉진)

5)불균형/막힘: 두통, 상단 전면 축농증 비강 문제. 신경계 장애, 시력 녹내장, 백내장, 황반, 변성, 실명, 뇌졸중, 뇌출혈, 뇌종양, 앞면 마비, 이명, 청각 장애, 언어장애.

후각 장애

6)감정: 부족: 수련과 내적 통찰력 부족. 기억력 나쁘고 성공을 두려워함. 의사소통어려움.

과다: 지나치게 직관에 의존하여 믿음을 주지 못하게 됨. 일부는 이의 상쇄를 위해 독선적, 권위적, 거만함을 보이거나 너무 지적이고 몹시 이성적이게 될수 있음(과도한 두뇌 에너지를 보이지만 심장이 없음) 지나치게 에너지를 위로 끌어올려 하위 차크라들의 저장 에너지를 고갈시킴.

7)육체: 심한 불균형, 시각 문제 두통, 편두통, 현기증을 일으킴. 혼동 기억력 감퇴, 불면증, 급성화농부비동염의 원인이 됨.

8)요가: 반 물구나무 서기 자세

7번 정수리 백회 차크라

7번 차크라-사하스라라(sahasrara)
1) 어원: 사하스라라(sahasrara):1,000+ara:잎= 천개의 잎.

7번 정수리 백회 차크라

2) 위치: 정수리 중앙

7번 차크라-사하스라라 이해하기

3) 개설: 영원한 존재의 충위. 정수리에 잇는 천개의 꽃잎으로 된 연꽃 신비적 센터.

개인의식과 무한 의식을 연결 즉 세속적 삶의 시작. 영성, 집단무의식 절대적 자유로 이끄는 통로 불멸로 가는 사다리. 하늘에서 천개의 태양이 동시에 비추는 광채에 비유 가능. 뱀 세샤(천개의 머리를 가진뱀) 우주로 부터 불리 감 사라짐. 명상을 통해 공(shunya;불교)또는 절대적 완전성 (브라만)을 깨달음.

4) 균형/조화: 다차원적 본성에 대해 더 잘 알게 됨. 신성한 의식과 더 강하게 연결됨. 통찰력이 있게 되거나 더 나아가 자연 법칙을 넘어서고 무의식과 잠재의식의 작용에 근접 할 수 있는 기적을 행하는 자로 여겨질 수도 있음.

5) 불균형/막힘: 불안, 우울증, 양극성 장애, 혼수상태, 기억 상실, 두통, 편두통, 뇌졸증, 뇌종양, 간질, 다발성 경화중, 파킨슨병, 주의력 결핍 장애, 난독증, 인지적 망상, 루게릭병, 정신질환, 정신분열, 조증 다중인격 장애, 치매, 알츠하이머 병

6) 감정: 불균형: 지나치게 자기중심적이고 사람들 및 주위 세계와 관계하기 어렵게 만드는 협소한 시야를 가지게 될 수도 있음. 에너지가 낮은 차크라에서만 순환하게 됨.

강한 막힘: 상향/하향 에너지를 수용 할 수 없는 상태가 됨. 세속을 넘어서 보지 못함. 유물론적 더 나아가 극단적이 됨. 부분적 막힘: 우주의 풍요와 경이가 없고 영감 부족함.

7) 육체: 바로섬 중심

8) 요가: 물구나무 서기 자세

* 참고: 쿤달리니 각성의 체험 경험 되어지는 것들

-척추와 복부, 목, 머리에서 따끔따끔한 느낌. 뱀이 꿈틀거리며 척추를 오르는 느낌. 척추를 오르내리는 뜨겁거나 차가운 또는 뜨겁고 차가운 흐름. 팔과 손 다리와 발에서 진동이 있고 차분하지 못한 느낌. 맥박과 호흡률의 상승. 소리, 빛, 냄새에 대한 과민증. (비물리적인)빛을 보거나 아나하타의(초자연적인)소리를 들음. 신비로운 경험 잠깐 동안의 우주적 경험, 개시, 심령적 또는 초자연적 능력. 고독을 갈망함. 몸에서 돌아다니는 통증. 그러나 관절과 근육을 긴장시키지는 않음. 목의 뻣뻣함. 때로는 두통을 동반함. 불면증. 보다 짧은 주기로 교대로 일어나는 강렬한 기쁨/지복. 등을 경험적 체험 할 수 있으며 사람에 따라 또는 수행 정도에 따라 각기 달리 체험될 수 있다.

제30품
명상의 효과

인간의 노력에 목적은 人간苦에 해탈일 것이다.

해탈이란 어리석은 것을 벗어남이고 진정한 자유인 것이다.

지금 수련하지 않으면 반드시 후회하는 날이 올 것이다.

일상생활에서 필요성을 못 느끼는 분도 꼭 필요한 날이 올 것이다.

(그날 이승의 인생을 마치는 날이 될 것이다.)

우리 인생에 길은 참으로 많은 인연과 여러 가지 돌출 사고가 많은 변화를 거치며 살아가게 되며 희, 노, 애, 락을 지나야 인생의 종점에 다다른다.

때로는 삶의 회의를 때론 직장에서 벗어나고 싶은 마음, 때론 배후자와 헤어짐을 생각 할 때가 올 것이다.

수련은 이런 여러 가지 어려움에 처해있을 때 등대가 될 것이다.

지금은 필요를 못 느끼고 일이 바빠서 나중에 시간이 되면 하겠다는 생각은 어려움에 직면 한 후 그때서야 느낄 것이며 결국엔 삶의 길을 읽고 표류할 것이다.

인생을 성공적으로 살아가려면 정신운동이 지주가 되어야 할 것이다.

명상은 자력으로 피안(彼岸)에 이르는 훈련이다.

자력으로 피안에 이르는 것은 번뇌와 망상을 끝는 것이 기초가 된다.

생,노,병,사는 생과 사의 얽혀 있는 우주자연법칙이다.

주력 예배의 염불 기도는 무엇인가를 채우기 위해 바라는 욕심에서 하는 것이다. 인간의 본성은 본래 청정한 것이며 적과 삼매에 들기 위해서 능력을 발휘 할수 있는 힘은 一心 밖에 없다.

이것이 자등명 법등명이다. (자승이 미타 즉 누구나 가능하다. 연기론)

마음은 얼이고 넋이고 영혼이고 정신이다.

따라서 마음은 육신을 끌고 가는 주인인 것이다.

하생하사(何生何死). 인체 현상은 덧없는 것이니 한번 나면 반드시 죽음으로 생을 마친다.

활활 타오르는 횃불을 들어 어둠을 밝게 비추듯 지혜의 등불로 항상 몸을 밝히어 깨달음을 얻게 하라.

부귀와 영화의 찬란한 불꽃도 영원함이 없고 덧없이 흘러가는 것 부귀하고 빈천한 것 아랑곳없이 다함께 죽음의 문으로 잡혀간다.

늙어서 죽고 젊어서 죽고 어려서도 죽고 어른이 되어서도 언제나 죽음은 우리를 위협하니 어찌 두렵지 않으랴?

죽음의 눈길이 항상 노리고 있는데 부귀가 어찌 위대한 재산이 되겠는가? 장님이 앞을 못 보듯이 사람들 스스로 그런 줄 모르고 허송 세월만 보내고 만다. 높은 것은 반드시 무너지고 정지되어 있는 모든 것들이 있다가 없어진다.(고전된 실체는 없다.)

그리운 부모와 형제를 사랑하는 처자와 친족들을 죽음이 와서 끌고 가지만 그를 구할 길이 아무데도 없다네.

이 세상 인간 모두 이와 같아서 평안과 향락을 탐내 허덕이지만 늙고 병들고 죽는 고통과 생의 고통을 깨닫지 못하네.

이 몸은 거짓으로 이루어진 것 있다가 없어지는 것인줄 알며 마음을 깨끗이 씻으면 일생에 즐거움이 따르리라.

스스로 자신을 반성 할 줄 알면 그대는 안락하게 세상을 살게 되리라.

어리석은 자가 스스로 슬기롭다고 생각한다면 그야말로 어리석은 자일 것이다.

황금이 소나기처럼 쏟아져도 인간의 욕망을 다 채울 수 없고 욕망에는 짧은 쾌락에 많은 고통이 따른다.

그대는 악업 속에 둘러 싸인 채 어찌하여 밝은 등불을 찾지 않는가?

명상 수련은 몸의 더러움을 씻고 죄업에서 벗어나며 천상의 성지로 올라 가리라.

이 몸은 유리컵처럼 깨지기 쉬운 줄 알고 이 마음을 굳게 다지고 지혜의 무기로 마음속의 악마와 싸워 얻은 것을 지키면서 계속 정진하라.

4차원의 의식이 없으면 인간은 의식을 잃고 쓸모없는 산림의 강처럼 버려져 뒹굴 것이다.

악행을 피하라

재물이 많은 상인이 위험한 길을 피하듯 더 살려는 사람이 독을 피하듯 모든 악행을 피해야 한다.

손에 상처가 없으면 손으로 독을 만져도 전염이 안 되듯이 악을 짓지 않으면 악도 미칠 수 없다. 마음이 어두우면 하는 일마다 화가 되고 밝은 눈으로 매사를 처리하면 모두가 보배로다.

어리석은 사람은 자기에게 맞는 환경을 찾고 지혜로운 사람은 자기 마음을 환경에 맞추어 간다네. 인간세상 그 어디에 가도 거기 머물러 죽음에서 벗어날 곳이 없다네.

이 세상 재산이라 생각되는 것은 그 죽음으로 인해서 모두 다 잃게 된다.

꿈속의 사람 다시 볼 수 없듯이 사랑하는 사람 죽어 돌아가면 다시 돌아오지 않는다.

성인을 따르면 우주의 이치를 깨닫고 내 것이라는 관념에 사로잡히지 않을 것이다. 깨달은 성인은 모든 것을 버리고 떠날줄 안다.

이 세상 물건은 단 한 가지도 나의 것이라 할 수 없다.

인연 따라온 것을 잠시 맡아 볼 뿐이다.

그러므로 모든 물건을 소중히 여겨서 아껴야 하며 쓸 만큼만 소비해야 할 것이다.

어리석은 사람은 물질의 노예가 되어 죽을 때 가지고 갈 것처럼 모으기만 하고 쓸 줄을 모르며 죽음 앞에서도 집착하여 천상에 오르지 못 한다.

어리석은 자는 나쁜 짓을 하고서도 그 과보가 나타나기 전에는 달콤한 꿀같이 생각하고 악의 과보가 나타나면 그때서야 괴로워한다.

인간은 애욕 속에서 홀로 왔다 홀로 돌아간다.

자신이 지은 선악의 행위에 의해 즐거움과 괴로움이 다른 세계에 이른다.

악한 짓을 한 자는 나쁜 곳에 태어나고 착한 일을 한 사람은 좋은 곳에 태어남은 우주의 진리이다.

지혜로운 사람은 등불 같아서 어둠 속에서도 세상을 밝혀주니 눈이 밝은 사람이 장님을 인도하듯 어리석은 세상 사람들을 올바르게 인도하리라.

이 세상 사람들은 다람쥐 체 바퀴 돌리듯 영원히 헤매면서 많은 고통받는다.

구천시대에 수행하지 않으면 어느 때를 기다려서 이 몸을 구할 것인가.

이 세상에 존재하는 만물은 인연 따라 만났으니 서로 아끼고 사랑해야 한다.

이 세상은 물거품처럼 왔다가 아지랑이처럼 없어지는 것,

이 세상에 어리석은 자는 욕망의 덫에 빠지지만 지혜로운 자는 욕망에 집착하지 않는다.

욕망으로 이루어진 세상에서 어두움과 밝음을 분명하게 가려 보는 이는 드물다네.

그물에서 벗어나는 새가 드물 듯 천상에 오르는 자는 매우 적다.

악업을 지었을 지라도 새로 짜낸 우유처럼 즉시 굳어지지는 않는다.

네가 지은 업은 솜처럼 두고두고 타면서 나의 뒤를 따른다.

어리석은 자가 순진한 사람을 속이고 깨끗이 때묻지 않은 이를 해친다면 악은 마치 바람을 향해 던진 먼지처럼 자신의 몸에 다시 돼 돌아온다.

자기마음을 스승으로 삶고 자신이 할 일을 옳고 그름을 알아 자신이 먼저 수련하고 난 다음에 남을 가르쳐야 한다.

백만 인을 이기기보다 자기 자신을 정복한 사람이 진정한 영웅호걸일 것이다. 자신을 억제하고 항상 절제하는 사람이 되어야 한다.

제31품
명상 말씀

나를 다스리는 글-보왕삼매경

몸에 병이 없기를 바라지 말라.
몸에 병이 없으면 탐욕이 생기니 병고로써 죄 갚음을 하라.
세상살이에 고난 없기를 바라지 말라.
고난이 없으면 업신여기는 마음과 사치한 마음이 생기니 근심과
고난으로 세상을 살아가라.
공부하는데 마음에 장애 없기를 바라지 말라.
마음에 장애가 없으면 배우는 것이 넘치게 되나니
장애 속에서 해탈을 얻으리라.
수행하는데 마음에 장애 없기를 바라지 말라.
장애가 없으면 소원이 꺼지지 못하니
일을 하되 쉽게 되기를 바라지 말라.
쉽게 되면 뜻을 경솔한데 두나니 여러 곱을 겪어서 일을 성취하라.
친구를 사귀되 내가 이롭게 되기를 바라지 말라.
내가 이로우면 의리를 상하게 되니 순결로서 사귐을 길게 하라.
남이 내 뜻에 순종해 주기를 바라지 말라.
내 뜻에 순종하면 마음이 스스로 교만해지니
내 뜻에 맞지 않는 사람들로서 동무를 사귀라.

공덕을 베풀 때는 과보를 바라지 말라.
과보를 바라면 추구하는 뜻이 생기니
덕을 베푸는 것을 헌신짝처럼 버려라.
이익을 분에 넘치게 바라지 말라.
이익이 분에 넘치면 어리석은 마음이 생기니
적은 이익으로서 부자가 되어라.
억울함을 당해서도 밝히려 하지 말라.
억울함을 밝히면 원망하는 마음을 돕게 되니
억울함을 당하는 것으로 수행하는 경어를 삼아라.
이와 같이 막히면 열리고 열리면 막히는데서 진리를 찾아라.
지금 수행하는 이들은 역경과 장애와 부딪쳐 이겨내지 못하고
포기하면 큰 보배를 잃게 되니 어찌 슬프지 않으랴.
인간은 초대하지 않았어도 이 세상으로 찾아 왔고
허락하지 않았어도 저 세상으로 돌아간다.
한번 어둠이 되지 않으면 안 된다.
영원히 살고 싶은 욕망은 죽음으로 단절되고 만다.
죽음이란 동일지점에서 생과 사는 즉 하고 있으며
이것이 배반이고 계속해서 살아가면서 부단히 죽어가고 있는 것이
이율 배반이며 모순 점을 가지고 있다.
이것이 우주의 가르침이다.

무릇 죽음이란 현상이 무너지되 정신만은 없어지지 아니하니 성인은 몸을 환난으로 여기는데 어리석은 자는 보배로 여겨서 죽음에 이르기까지 싫어하는구나.

소를 기르는 목동이 채찍을 들고 소를 몰아 목장으로 데리고 가듯 늙음과 죽음은 우리들의 목숨을 쉬지 않고 몰고 간다.

이 몸에서 들어갔던 숨이 나오지 않으면 곧 내 생이요. 죽으면 묘지에 묻혀 한줌 흙이 되거나 화장하면 한 줌의 재가 되고 만다. 이렇게 무상한 것이 인생이다.

나의 행복도 나의 불행도 모두 내 스스로가 짓는 것 결코 남의 탓이 아니다.

나보다 남을 위하는 마음으로 많은 덕을 쌓아라.

모든 죄악은 탐욕과 성냄과 어리석음에서 생기는 것,

늘 참고 적은 것으로 만족하라.

웃는 얼굴로 부드럽게 남을 대하고 모든 일은 순리에 따르라.

나를 낳아주고 키워주고 아껴준 부모님을 섬겨라.

윗어른을 공경하고 아랫 사람을 사랑할 것이며

어려운 사람에게 따뜻한 정을 베풀어라.

내가 지은 모든 선악의 결과는

반드시 내가 받게 되는 것임을 순간 순간을 후회 없이 살아라.

오늘 일은 오늘하고 추한 말은 멀리 하여라.

추한 말은 자기도 해롭고 하고

남도 해가 되어 서로에게 해로운 것이다.

그러나 착한 말은 자기도 이롭게 하고

남도 이로워서 모두가 이롭다.

말을 할 때는 마땅히 벌을 무서워해야 한다.

악이 가면 화가 와서 몸에 고장이 들어온다.

참다운 뜻은 참다운 말을 많이 들으면서 얻게 된다.

많이 듣는다는 것은 뜻을 잘 알아가는 것이요

말을 많이 하라는 것은 아니다.

물거품을 잡을 수 없듯

부귀영화는 이와 같아서 우리의 인연 따라 왔다가 가는 것이다.

모든 선을 만들어 스스로 행하는 것이 모든 성현의 가르침이다.

성냄과 거만을 버리고 모든 애욕과 근심을 버려라.

정신과 물질에 집착하지 않으면 고요하고 편안해 괴로움이 없다.

항상 자기 입을 잘 지켜라.

몸을 잘 닦고 입을 잘 닦고

또 내면으로 마음을 닦아 모든 성냄을 버리고 진리를 행하라.

진리를 행한자 스스로 선을 행해 복을 받고,

스스로 악행을 행 한자 그 죄를 받는다.

죄도 복도 자신에게 있으니 그 누가 대신 받으리.

아무리 좋고 아름다운 말도 행하지 아니하면

아름다운 꽃에 향기가 없는 것과 같다.

결과가 없으니 여러 가지 고운 꽃을 한데 모아서

아름다운 꽃다발을 만들어 내듯

사람도 착한 일을 모아 쌓으면 다음 세상에 복을 받으리라.

악한 일은 자신에게 해를 끼치는 것을 알지만

악한 일은 저지르지 않기는 쉽지않다.

착한 일은 자신에게 평안을 가져오지만

착한 일은 행하기 어렵다.

모든 일을 처리할 때 잘 참으며 노력하는 자는 재물을 얻는다.

성실을 쌓아 명성을 얻고 남에게 선을 베풀고 벗과 신의를 지켜라.

가업이 있어도 돌보지 않으면 아무리 부유한 집도

많은 재물이 흩어져 없어지고 말 것이다.

한마디 말이 맞지 않으면 천 마디 말을 해도 소용없다.

그러므로 중심 되는 한마디를 삼가 해서 해야하며

중심을 찌르지 못할 말은 차라리 하지 말라.

알고 지은 죄 거짓말을 하여 참회가 없는 사람은 악인이라 아니 할 수 없다.

백 년 동안 때 묻은 옷이라도 하루 동안에 씻어서 깨끗하게 하는 것과 같이 백 년 동안에 지은 모든 업도 불심의 힘으로 잘 수련하면 일시에 소멸할 시킬 수 있다.

후자는 현세에 잘못을 깨닫고 현세에서 죄 갚음을 하는 사람이고 전자는 자기의 죄도 깨닫지 못하고 자신의 몸과 마음을 닦지 않는 사람이다.

그 죄업을 지을 때 기뻐했으나 마침내 울면서 그 갚음 받고 착한 업을 지은 사람은 마침내 괴롭게 번뇌하지 않으니 기뻐하며 업을 짓더니 편하고 즐겁게 그 갚음을 받네.

선과 악의 과보는 그림자가 형상을 쫓는 것과 같아서 이생을 지나면 뒤에 뉘우칠지라도 미치지 못한다.

의심은 사람들을 분열시키는 마음이요 우정을 파괴하는 독이며 좋은 관계를 망가뜨린다.

그리고 서로의 생명을 해치는 칼이며 서로의 마음을 괴롭히는 가시이다.

사람들은 그들 자신의 편리나 안락에 집착하고 부와 재물과 명예에 집착하여 현실적인 삶에 필사적으로 매달린다.

타인의 잘못은 보기 쉽고 자신의 잘못은 보기 어렵다네.

타인의 죄는 바람과 같이 사방에 흩날리는데

자신의 죄는 전투하는 군이 나쁜 상황을 감추듯 감추고 기뻐한다.

참회하는 마음이 일어나면 벌써 죄는 죄가 아닌데

참회하는 마음이 없으면 죄는 영구의 죄로서 농부가 과일을 심어 열매를 추수하듯이 열매가 익으면 자신이 꼭 따먹어야 한다.

젊었을 때나 장년이 된 후에나 또 늙은 후에라도

한번은 마음의 눈을 뜬다.

젊음은 나이를 이길 수 없으며 생명은 죽음의 길을 양보해 주어야 한다.

사랑은 떠나는 것이고,

증오는 항상 곁에 있는 것이라,

원하는 것은 항상 우리 곁에 오래 머물지 않는다.

이것이 인생의 법칙이다.

인생길에서 믿음이야말로 가장 훌륭한 친구이며

가장 훌륭한 원기 회복에 영양제이다.

그리고 가장 큰 재산이다.

믿음은 진리를 깨닫고 공덕을 수용하는 가장 청정한 마음이다.

믿음은 세속에서 벗어나 더럽혀진 모든 것을 태우는 불길이다.

횃불을 들고 바람이 부는 쪽으로 향하는 어리석은 사람은 자기 자신의 욕망 때문에 자신의 몸에 상처를 입게 하고 그 몸을 불 태울 것이다.

선과 악은 각각 그 응보를 달리하여 선은 행복을 악은 재앙을 가져오는 움직일 수 없는 법칙에 의하여 정해져 있다. 각자는 자신의 업을 짊어지고 정해져있는 과보가 있는 곳으로 혼자서 가야 한다.

법; 수련으로 모든 더러움을 씻고 죄에서 벗어나면 다시는 삶에 고통
과 늙음에 윤회에서 벗어나리라.

쇠에서 생긴 녹이 쇠를 못 쓰게 하듯 수련하지 않는 자는 자기 행위 때
문에 스스로 죄업을 짓는다.

용모의 더러움은 게으름이요 수행의 더러움은 어두운 밤이라네.

그러나 가장 더러운 것은 무명의 때이니 때가 없는 청정한 사람이 되어라.

사람은 법에 대한 믿음을 가지며 자신이 좋아하는 것으로

남에게 보시하라.

성인이 따로 있는가?

사람이 무엇에 애착하고 있는가?

부처님이 부처이기 전에 인간이었음을 알고있지 않는가

무엇이 그대들의 지혜를 가리고 있는가?

애욕에 사로잡힌 사람은 함정에 빠진 토끼처럼 맴돈다.

속박과 집착의 그물에 걸려 두고두고 괴로움을 받는다.

잡초는 논밭을 망치게 하고 성냄은 사람들을 망치게 한다.

안개는 시야를 흐리게 하고 욕망은 정신을 흐리게 한다.

구름은 세상을 어둡게 하고 어리석음은 사람들을 어둡게 한다.

향락은 어리석은 자들을 멸망케 하지만 피안으로 가는 자를 막지는 못 한다.

환락에 빠진 자 죽음을 겁내지만 지혜를 닦는 이는 깨달음으로 육신에
서 해탈되리라.

그릇된 소견은 야망을 낳지만 명정한 정신은 깨달음의 나무를 키운다.

애욕에 집착하고 있는 자는 욕망의 흐름에서 벗어나지 못한다.

꽃은 저마다 모양과 빛깔이 있고 사람은 저마다 생김과 성격이 있다.

꽃은 저마다 주어진 향기가 있지만 사람은 자신의 향기를 만들어 간다.

모든 것은 덧 없으니 지혜의 눈으로 이 이치를 볼 때 괴로움을 싫어하
는 생각이 일어난다.

이것이 청정에 이르는 길이다.

바른 지혜로 해탈한 사람은 악마도 가까이 하지 못한다.

마치 거북이가 제 사지를 끌어들이듯 자신의 모든 감각 기관을 잘 가두어라.

지혜의 무기로써 나쁜 업과 싸워라.

싸워 얻은 것을 지키면서 계속 정진하라.

마음은 들 떠 흔들리기 쉽고 지키기 어려운 것

지혜로운 사람은 마음 가꾸기를 활 만드는 사람이 화살을 곧게 하듯 한다.

마음은 결코 보이지 않지만 그 과보를 남길 것이다.

숨어있는 마음을 억제하는 사람은 마침내 죽음의 굴레에서 벗어나리라.

모든 일은 마음이 근본이 된다.

마음에서 나와 마음으로 이루어진다.

나쁜 마음을 가지고 말하거나 행동하면 괴로움이 그를 따르리라.

수레바퀴가 말의 발자국을 따르듯이 청정한 마음을 가지고 말하거나 행동하면 즐거움이 그를 따르리라.

허술하게 지은 지붕에 비가 새듯이

수련이 없는 마음에 탐욕의 손길이 번치기 쉽다.

잘 덮은 지붕에는 비가 새지 않듯이

수양이 잘된 마음에는 탐욕이 스며들 틈이 없다.

잠 못 이루는 사람에게 밤은 길고

지쳐있는 나그네에게는 지적도 천리라네.

바른 진리를 깨닫지 못한 사람에게는 윤회의 밤길이 아득하기만 하여라.

어리석은 자는 나 자신이다.

물질에 집착하여 괴로워한다.

자신에 몸도 자기 것이 아닌데 어찌 자식과 재산이 제 것이겠는가?

이세상의 모든 것은 잠시 사용하고 가는 것이다.

숟가락이 국맛을 모르 듯

어리석은 자는 나쁜 짓을 하고도 그 과보를 모른다.

어리석은 자와 같이 살면 원수와 같이 사는 것처럼 고통스럽고

어진 사람과 같이 살면 친척들의 모임처럼 즐겁기만 하다.

그러므로 달이 천체의 궤도를 따르듯이 어질고 지혜롭고 널리 배우고 잘 참고 믿음이 있고 거룩한 이런 선인과 선지식을 따라라.

오늘 자신을 닦지 않은 자에게 내일이 무슨 의미가 있겠는가?

자기야말로 자신의 주인인 것을 어떤 주인이 따로 있겠는가?

자기 자신을 잘 다스릴 때 귀한 자신에 주인을 얻을 것이다.

인생이 뜻대로 되지 않는다 한탄하지 말라.

그대를 끌고 가는 것은 바로 그대 자신이다.

그대를 움직이게 하는 것은 그대의 사지가 아니다.

그대의 몸이 아니다.

그대의 마음임을 알라!

흥망과 실패를 좌우하고 행복과 불행을 나누는 것은

그대 마음속에 숨은 정신, 눈에 보이지 않는 것이야말로 세상을 움직이고 그대를 움직이는 것들이다

형태에 속지 말라.

눈에 보이는 것에 현혹되지 말라.

성내지 말고 착한 일을 행하라.

만일 조상을 보려면 자신의 마음이 바로 조상의 성품임을 알라.

이 마음이 그대 조상이거늘 어찌 밖을 향해 찾겠는가?

모든 생각을 다 끊어 버리고 끊었다는 생각마저 잊어버리고 몸과 마음이 허공과 같을 때 비로 서 고요한 광명이 빛나리라.

악의 열매가 맺기 전에는 악한 자도 복을 만난다.

그러나 악의 열매가 익으면 그 과보를 피할 길이 없다.

선의열매가 맺기 전에는 착한 이도 이따금 화를 만난다.

그러나 선의 열매가 익었을 땐 착한 과보는 복으로 돌아온다.

낙수 물이 계속되면 바위를 뚫나니

작은 악이 쌓여서 큰 죄악이 된다.

수련을 가볍게 여기지 말라.

한 방울의 물이 모여서 항아리를 채우고 작은 선이 쌓여서 큰 선을 이룬다.

착한 벗과 가까이 사귀고 어진 이를 가까이 섬겨라.

내 허물을 지적하고 꾸짖어주는 어진 사람을 만나거든 그에 뒤를 따라라.

그런 사람을 따르면 좋은 일이 있으며 어진 사람은 자신을 다스린다.

자기야말로 자신의 주인이다.

어진 사람은 비방과 칭찬에 흔들리지 않는다.

어진 사람은 백두산처럼 멀리 있어도 빛이 난다.

못된 사람은 밤에 쏜 화살처럼 가까이에서도 보이지 않는다.

사랑하는 사람을 만들지 말라.

미워하는 사람도 만들지 말라.

사랑하는 사람은 못 만나 괴롭고 미워하는 사람은 만나서 괴롭다.

사랑과 욕정에서 근심이 생기고 사랑과 욕정에서 두려움이 생긴다.

덕행과 식견을 갖추어 바르게 행동하고 진실하게 말하라.

그러면서 자기임무를 다한 사람은 구하지 않아도 사랑을 얻으리라.

마음이 안정되고 자신의 할 일을 다해 번뇌가 없다면 비록 속세에 살아도 그는 이미 성인의 경지에 이른 것이다.

머리가 희다고 장로인가?

나이만 먹었다면 부질없이 늙어버린 황소와 무슨 다른 점이 있겠는가?

경전이나 읽고 법당에 가서 기도하면 해탈하는 것이 아니다.

한순간 깨달아도 수십 년을 이어온 버릇은 남아있으니 늘 마음을 편안하게 지키며 악업을 주의하라.

이것이 성인에 이르는 길이다.

땅을 파면 물이 나오고 구름이 걷히면 푸른 하늘인 것을 이 세상 어디나 그대가 보고 듣는 모두가 그대의 공부이다.

도리대로 행동하는 사람은 이 세상에서 편히 잠들고 선행으로 애쓴다면 이한 사람은 구름을 벗어난 달과 같이 이 세상을 환하게 비추리라.

지혜로운 사람은 악의 뿌리를 끊어 말세에 이 세상을 벗어나 자유를 누리리라.

사람이 백년을 살지라도 행실이 나쁘고 마음이 어지럽다면 마음의 고요를 지니고 덕행을 쌓으면서 하루를 사는 것만 못하며 비록 백년을 살지라도 生과 死의 道를 모른다면 깨달음의 길을 알고 사는 하루가 더 낫다.

우리가 어리석어 꿈속에 산다면 하루 종일 봄을 찾아도 봄은 안 보여 신발이 다 닳도록 온 산을 헤맨다. 봄을 찾다 지쳐서 집으로 돌아와 보니 울타리 안에 하나 가득 매화꽃이 한창일세. 울안에 있는 봄을 밖에서만 찾았으니 인생 또한 이와 같아 눈 못 뜨고 헤매네.

    사람들 어리석어 제 마음이 곧 성인인줄 모르고

    평안을 밖에서만 찾는구나.

    이 사람아 한 생각 돌려먹으면 그곳이 바로 극락일세

    행복과 불행은 그대 마음속에 있네

    선; 인간은 눈을 뜨고도 우주 道를 모르니 눈뜨고 잠자는 물고기와 무엇이 다른가?

    몸이 깨어 있다하여 그대의 정신도 깨어 있다고 생각하지 말라.

    하나의 욕망이 이루어지면 열 가지 새로운 탐욕이 생기나니 이를 이루지 못하여 사람들은 괴로워한다.

    인간은 욕망을 버리기 쉽지 않다.

    어두운 방도 작은 촛불 하나의 힘으로 일시에 환해지나니

    깨달음 또한 같다.

    생각을 돌리면 그 즉시 욕망의 덫에서 벗어날 수 있다.

    깊은 장롱 속에 숨겨둔 은반지가 그 빛을 잃듯이 재물은 욕심 것 모아 쌓아 두기만 한 사람은 청정함에서 점점 멀어진다.

    행복하지 못하게 막는 이 없고 고통 속에 살라고 등 떠미는 이 없는데 사람들은 스스로 불행하고 고통스럽다 하네.

    누가 그대들의 행복을 방해하는가?

    이 세상 갖가지 괴로움은 생존의 업에 따라 일어난다.

    알게 모르게 짓는 죄업만 되풀이 하니 어느 때를 맞이하여 괴로움에서 벗어날까 마음을 밝히고 조용히 자신을 돌아보라.

    수련으로 자기 쌓은 업은 씻어야 하리라.

    마치 뱀이 묵은 허물을 벗어 버리듯이 미련 없이 버려라.

    인간세상 태어나서부터 천하니 귀하니 정해진 것 아니고 자기 행동에 그릇되어 천한 사람이 되고 선행을 닦아 귀한자가 되나니

    인간은 제 의견이 옳다고 생각되어 말하고 자신에 의견을 굽히는 것을 싫어한다.

제자랑을 하지 말라 선업을 자랑하면 좋은 일하고도 천한 사람 대접받는다.

집에 온 손님 푸대접하고 남의 집에 갔을 때 융숭한 대접받기를 원하지 말라. 내 집에 오는 손님은 소홀히 대접하는 이들이여 만사 제쳐놓고 나를 찾은 그 마음을 늘 소중하게 받아 들여야 하리. 그렇지 못하면 그 마음 천한 사람에 갇힌 마음과 같다. 날 때부터 천한사람 되는 것 아니고 태어나서부터 귀한 사람 따로 없네. 그 행동 따라 천한 사람 귀한 사람 나뉘어 지는데 어리석은 이들은 부모 탓하고 가문 탓하네.

마음자리 밝히고 법답게 행동하라.

그러면 어제 비록 천했어도 성인으로 다시 날 수 있으리라.

어리석은 사람들은 자신의 손으로 검게 칠을 하고

태어나기를 검게 났다 한탄하네.

일하지 않고 먹고사는 자를 부러워하지 말라.

게으름과 짧은 쾌락이 내일은 오랏줄이 되어 죽음으로 가네.

매일 할 일이 있음에 감사해야 한다.

오늘 일을 내일로 미루지 않도록 해야한다.

자신을 가두고 있는 집착과 욕망의 갑옷을 벗어 버려라.

사람 스스로 욕심 없다 말하지만 작은 소망이 모여 큰 탐욕이 되네.

깨닫지 못한 사람은 하루하루가 고해로다.

성인들의 가르침을 모르는 체 하니 착한 일에 인연 없이 누가 건지랴?

나쁜 세상 헤매면서 고생뿐이네. 복 없는 사람들이여 추위와 더위에 굶주림이 생명 줄을 조여오니 어느 때 한가하게 마음 닦느냐고 한탄치 말라.

그대들의 생활 꿈는 깨달음으로 가는 지름길이라네.

깨달은 이들은 오히려 어려움을 찾아가니 어려운 수련에서 이미 그대 머무는 곳이 스승이로다.

눈이 어두워 밝게 볼 수 없거든 등불 같은 길잡이를 따르라.

목마른 사람이 물을 찾듯 道를 찾아야 한다.

성공하는 사람과 실패하는 사람은 알아보기 쉽다.

진리를 사랑하는 사람은 성공하고 진리를 싫어하는 사람은 마침내 실패하리라.

어리석은 사람일이 잘되면 제 덕이라 하고 잘못되면 운이 없다 말하네.

봄에 뿌린 씨앗을 가을 되어 거두어들이듯 흥하고 쇠함의 씨앗도 이와 같이 미리부터 자라고 여문 결과라.

자신의 성품을 더럽히지 말라.

하얀 천을 물들이긴 쉬워도 검은 천을 하얗게 하긴 어렵나니.

파멸의 문으로 들어가면 되돌아 나오기 쉽지 않으리.

오늘의 행동이 내일을 결정한다.

남의 덕이 높고 낮다 가리지도 말며 혼탁과 미혹에서 벗어나라.

세상의 온갖 애착을 버리고 道를 찾아 혼자서 가라.

인연이 소중하다만 깨달음을 얻는 것보다 중요할까?

재물이 귀하다 하지만 해탈을 얻는 것에 비교나 될까?

모든 집착을 버리고 의젓하게 혼자서 가라.

사람은 본래 고독한 존재라네.

스스로 지은 업의 과보 따라 태어나고 죽기를 저 혼자 한다네. 나만이 외롭다 생각하지 말라.

사람의 인생은 처음부터 끝까지 외로운 것이라네.

이 세상에 날 때부터 혼자였고 죽음의 길 또한 혼자서 가야하네. 물 속의 고기 그물을 찢고 자유로워지듯이 그대 걸림이 없는 자유를 원한다면 참된 자신과 만나야 하리.

외로움은 자신과 만날 수 있는 소중한 시간이요.

혼탁해진 자신을 정화시킬 수 있는 귀중한 기회이다.

한 송이 장미꽃을 지키기 위해 얼마나 많은 가시들이 돋쳐 있는가?

사람들은 가시에 찔려 피를 흘리는 것을 겁내지 않고 꽃을 탐하네 욕망은 짧은 기쁨을 주고 긴 고통을 남긴다는 것을 알아야한다.

순간의 즐거움이 세세 생생 이어지는 백 천 만겁의 근심걱정을 두고 간다. 맑은 연못을 미꾸라지 한 마리가 흐리듯 평소엔 청렴결백하다 하던 사람도 욕망의 독화살을 맞으면 헤어나기 어렵다.

진리는 점점 멀어지고 세상은 꼭두각시 놀이터가 된다.

다정해진 사람에게는 사랑과 그리움이 생겨 괴로움이 따르는 법.

무엇에도 걸림 없는 자유로운 사람이 돼보려면 사랑의 덫을 보아야 하리.

마음의 고통을 미리 예견해야 한다.

마음을 잘 다스린 사람은 비가 오나 눈이오나 아무 걱정이 없으리라.

물 항아리 가득 채워놓은 여인은 해 저무는 것을 두려워하지 않는다.

수련은 참외밭을 가꾸듯 마음의 밭을 정성껏 가꾸어야 한다.

스스로 동요하지 않으면 언제 어느 곳에서나 마음 밭을 일굴 수 있으리까.

얼룩진 거울을 닦아내듯 마음의 거울을 닦아라.

깨끗한 마음이 자유로 들어가는 첫 번째 문이니 지순한 농부가 호미로 김을 매듯 一心으로 마음의 때를 닦아내야 하리라.

예전의 농사꾼은 글을 몰라도 지성으로 하늘을 보아 天氣를 알고 농사를 지었건만. 똑똑한 그대(현대인) 우주의 진리 무엇을 깨달았는가?

수 십 년을 공부한들 진리는 눈에 들어오지 않네.

깨달음의 공부는 머리가 아니라 마음인 것을,

부와 명예를 쫓아 헐떡이지 말라.

정녕 서둘 일은 마음 공부이니 마음을 닦지 못해 세상은 고해라네.

내일이 있다 생각지 말라.

어느 때 어느 시에 끌려가 죽을지 아무도 장담 할 수 없다네.

시든 꽃잎처럼 밤낮을 가리지 않고 저 홀로 떨어진다.

우주 깨 닳음; 깨달음을 구하는 자들은 마음의 눈을 뜨고 세상이치를 바로 보라.

이 세상 이 몸을 끌고 가는 것은 보이지 않는 마음이다.

눈으로 볼 수 있는 것은 언젠가는 마침내 사라지고 마니 세상은 형체 없는 것으로 맥을 삼고 움직여 간다.

그대의 운명을 좌우하는 것은 보이지 않는 업의 과보 라네.

말을 참답게 함은 마음을 참되게 하는 것이요

마음을 바르게 하니 사람을 진실하게 한다.

불법을 듣지 않더라도 믿는 마음이면 성인이 될 인연의 씨를 맺는 것이다.

믿는 마음이 금강석이면 자기 마음이 어둡고 밝음을 걱정할 필요 없다네.

배가 바다를 건너는 것은 사공에 의지하며 사공이 무량한 덕과 지혜를 갖추었으니 무엇을 걱정하랴.

자비의 화신 성인은 지극히 크고 깊은 중생을 구제한다네.

높고 낮음 없으며 천하고 귀함을 떠났으니 성인의 대역은 끝이 없고 한이 없네. 모든 중생 그 신기로 고통 받아 건너가리라. 진실한 말씀 속에 묘한 공덕이 들었으니 선업은 절로 오고 악 업은 멀어지네.

중생들 구하는 바 모두 이루게 하니 죄와 업을 소멸하고 자비로 나아가네.

一.그대들이여 무심 속에서 자비심을 얻어라.

二.뽐내는 마음으로 남에게 자선을 베풀지 말라.

三.보시할 때에는 주는 사람도 받는 사람도 보시되는 물건조차 잊어버려라.

이 세 가지가 공해야 비로서 참다운 자비 행이라 할 것이다.

사람들이여 내 것이다. 내 명이다. 다투지 말라.

권력과 부귀 또한 계속되지 않으니 깨고 나면 허망한 꿈과 같으니 무상을 무상으로 보지 못하면 괴로움이 끊이지 않는다.

노여움이 사라진 그곳에서 자비와 평화가 시작되고 속히 진리를 깨닫고자 하는 사람이여 마음 밖에서 구하는 이는 진리에 이룰 수 없다.

몸은 비록 속세에 있어도 깨끗한 마음으로 닦고 나도 없고 나의 것도 없는 무의 경지에 일 때 그대로 성인이로다.

사람들이여 지옥과 극락을 나누지 말라.

마음자리 어두우면 그곳이 지옥이며 한 생각 돌리면 그 즉시 천상이라네.

탐욕은 끝이 없네.

지옥이 따로 있나.

만족을 모르는 그 마음이 지옥일세.

사랑하는 사람과 나란히 앉아서도 집착하며 원한과 질투를 일으키니 이 마음이 지옥일세.

마음이 하늘도 만들고 사람도 만들며 귀신이나 축생지옥까지 만든다.

참회가 없이는 용서가 있을 수 없다.

사람 입에는 도끼가 있는 줄 알라.

말 할 때에는 도끼 날을 조심하지 않으면 안 된다.

어리석은 이는 절에 가서 탑을 쌓고 법당을 지으면서 눈물로 참회하는 스스로의 불법 산은 뒷전이네.

진실 된 마음으로 참회하는 것 보다 더 큰 공덕은 없다.

우주 진리의 가르침을 소홀히 하지 말라.

복은 비는 것이 아니고 짓는 것이요.

깨달음은 얻어지는 것이 아니라 스스로 구하는 것이라네.

제 마음속에 중생들이 가득한데 밖으로 씻으려 하니 번뇌가 살아 질까.

훌륭한 스승이 마음 가운데 있거늘 누구를 스승 삼아 법문을 청하겠는가?

깨달음의 불씨가 마음속에 피어 나네.

나쁜 일 하지 말고 착한 일로 길을 닦아라.

스스로 마음을 깨끗이 하는 것이 모든 성인의 가르침이다.

모든 이치는 옳고 그르고를 따지는 것 헛깨비 일세.

바다 속 모래알을 어느 한 세월에 이루다 헤아리겠는가?

이렇구 저렇구 묻지도 말고 굳은 믿음으로 바른 소원 세우고

깨달음의 믿음으로 마침내 불도를 이루리라.

업; 피할만한 곳은 산도 아니며 바다속도 아니며 땅에도 없고 하늘에도 있지 않다.

그림자가 사람을 따라가듯이 선악의 업은 결코 사라지지 않는다. 만일 전세에 지은 업이 있으면 그 갚음은 현세에나 내세에서 받는다. 착한 일을 하고도 고통 받는 자가 있다면 뜰 앞의 눈이 봄이 되면 녹듯이 때가되면 선에 열매를 거두리라. 악업을 짓고도 참회를 하지 않으면 불 속에 기름과 같아서 자신도 모르게 악의 열매를 거두게 될 것이다.

사람의 좋은 행위는 좋은 땅에 박힌 종자와 같아 비가 내려 잘 자라고 때가되면 성장하여 열매를 맺는다. 이와 같이 사람들의 탐욕과 악의 행위도 반드시 성숙 되어 현세에나 내세에서 그 과실을 먹어야 한다.

업은 가꾸는 대로 거두어 들이며 지은 업은 인과 악이 모여서 성숙한다. 그 지은 업이 일시에 화합하면 과보가 따라 흥해서 스스로 마땅히 죄 갚음을 받는다. 이 세상 불성실한 사람도 많은데 믿는 것은 바로 자기가 성실하기 때문이며 세상에 성실한 사람이 많은데도 남을 의심하는 것은 바로 자신이 성실하지 못하기 때문이다.

모든 선악의 주인은 마음이다.

참회가 있는 사람은 선법이 있고 참회가 없는 사람은 짐승과 다른 점이 없다. 사람들은 선한 행위를 하면 선을 얻고 도에 합당한 행위를 하면 도를 얻는다.

선도에는 진실한 말이 제일이고 등불 가운데는 진실의 등불이 제일이며 모든 병을 치료하는 약 중에서는 진실한 말 한마디가 약이 될 것이다.

어리석은 자는 자기의 잘못을 되풀이 한다.

세상에 우매한 사람은 스승에게서 기술을 배웠으나 뒤에는 그 은혜를 잊고 의리를 생각하지 않을 뿐만 아니라 도리어 그 스승을 업신여기나니 이것이 바로 자신의 이기심 때문이다.

자기에게 흠이 없다고 하면 두 가지 허물이 함께 온다.

다른 사람의 허물을 보면 언제나 탓할 것이 첫째이고 그 때문에 불화가 생길 것이니 그것이 둘째이다. 정직하지 못한 사람은 자기의 잘못을 감추는 사람이다. 잘못을 참회하는 사람이야말로 진실한 사람이다. 말로는 잘못을 뉘우치지만 안으로는 그 마음이 사라지지 않으면 어떻게 착한 법을 닦았다고 하리 마음이 곧 행동이 되어 밖으로 나타난다.

마음이 선하면 하는 행동이 부드럽고 안정 되어 있으며 잠든 얼굴에도 웃음기가 어려 있다. 마음이 악하면 도리에 어긋날 뿐더러 말소리나 웃음소리까지도 음침하게 느껴진다. 나쁜 친구는 몸 뿐만 아니라 마음에도 상처를 입힌다. 인간의 욕망은 끝이 없다. 마치 소금물을 마신 소가 물을 찾는 갈증과 같을 것이다. 그는 갈증을 풀지 못할 뿐만 아니라 오히려 갈증으로 한 고통이 더 할 뿐이다. 인간은 자그마한 손해나 어려움에서 오는 사소한 일로 다툼으로서 끝없이 계속되는 지루한 불행 속에서 삶을 살아간다. 세상에 남을 속이는 사람은 바구니에 물을 담아 달리는 것과 같구

나. 한숨에 달려 집에 와보면 바구니 속에는 아무 것도 없다네.

남에게 속는 사람들은 마치 부추와 같다. 칼로 베어내도 돋아나고 돋아나네. 참된 가르침을 듣고 그 의미와 자신과의 관계를 알 수 있는 사람은 깨달음을 얻을 수 있다네. 진실 된 가르침을 흘러 버리면 깨달음을 찾지 못한다. 물이 흘러 바다로 가는 것처럼 수련을 멈추지 않으면 반드시 깨달음을 얻을 수 있다. 이 세상은 불타고 있는 집과 같다.

그런데 사람들은 이 세상이 불타고 있다는 것을 알지 못하고 불에 타서 죽을지도 모를 위험 속에 놓여있는 것이다.

인간은 마치 항아리 속의 벌레와 같아 하루종일 허덕이며 돌아도 그 항아리 속을 떠나지 못하고 신선이 될래야 될 수가 없다.

인간의 마음이 지옥과 천국을 만든다고 하였으니.

마음을 따르지 말고 마음의 주인이 되라.

자기 분수에 알맞는 곳에 살고 일찍이 공덕을 쌓고 스스로 바른 소원을 세우고 정진하라. 이것이 최상의 행복이다.

복잡한 세상일에 부딪쳐도 마음이 흔들리지 않고 걱정과 티가 없이 온아한 것이 최상의 행복이다. 세상에 원한은 원한에 의해서 풀리지 않는다. 원한을 버릴 때만이 풀리나니 이것은 변치 않는 영원한 진리이다. 믿음은 우리의 고집스럽고 이기적인 마음을 부드럽게 해주고 다정한 마음을 찾아가며 참회하는 기회를 준다. 타인의 좋은 일을 보면 자기 일처럼 기뻐하며 그 사람을 위하여 공덕이 쌓이기를 원하는 마음을 가져야한다.

믿음은 유혹을 뿌리칠 수 있는 힘을 준다. 믿음은 인간의 행동을 밝게 해주고 청정하게 해준다. 그리고 믿음은 지혜와 더불어 덕으로 마음을 풍요롭게 해준다. 좋은 가르침을 받고 즐거워하는 사람은 편히 잠잘 수 있다. 세상의 일은 진실인가 하고 보면 진실이 아니고 모든 악한 업을 없애고 성인에게 돌아가 진선인이 되어라.

선과 악; 미소 띄운 그 얼굴이 참다운 공양 구요 부드러운 말 한마디는 달콤한 향이로다. 진실한 마음이 언제나 성인의 마음이다.

말은 마음에 서리오. 눈동자는 마음의 창문이다.

마음이 바르고 말소리가 분명하고 눈동자가 밝아야 한다.

선한 일을 하고서도 나는 선하다는 사람이 없고 악한 사람은 악한 일을 하고서도 나는 나쁘다고 말하지 않는다.

가난은 죄가 아니고 불행도 죄가 아니다.

가난 속에도 즐거움과 행복이 있고 가난은 노력으로 극복 할 수 있다 .

노력하는 자에게 가난은 점차 멀어져간다.

불행은 자신의 내부 마음에서 온다.

그것을 막으려고 애쓴다면 어리석은 짓이다.

모든 일에 참고 노력하는 사람이 참 행복을 얻는다.

가난한 생활 속에서도 행복을 찾을 수 있고 떳떳하게 살 수 있다.

죽고 사는 것은 본래 명이 있으며 부하고 귀한 것은 자기에 노력과 하늘에 달려있다.

이것은 성인의 말씀이다.

천성에 따라 편안한 마음으로 살아가면 인생이 절로 즐거워진다.

인생의 비애를 알면 무력에서 벗어 날수 있고

이생의 즐거움을 알면 자연히 성인의 경지에 이른다.

남의 잘못을 비판하는데 무척 총명하지만 자신의 비판에서는 어둡기 마련인가?

참다운 행복은 남에게 받는 것이 아니라 내가 남에게 주는 것이다.

수많은 재산을 자손에게 넘겨주는 것보다 그 자손을 훌륭한 인격자가 되도록 가르쳐라. 이는 재산보다 더 값진 일이다. 오늘 내가 빈천하였거든 베풀지 않았음을 알며 자식이 나를 돌보지 않거든 내가 부모님을 편히 모시지 않았음을 알라.

사람들은 악이 무엇인지 모르는 것이 아니라 알면서도 행하는 것이다.

선이 무엇인지 모르는 것이 아니라 알면서도 행하지 않을 뿐이다.

사람은 원래 선하다.

그러나 환경 교육과 습관에 따라 선한 사람과 악한 사람이 심한 차이가 생기는 것이다. 정신에도 물질에도 집착하지 않으면 고요하고 편안해 괴로움이 없다. 지난날의 일을 후회하지 않고 아직 오지 않은 미래를 걱정하지 않으며 공연한 근심을 하지 않고 현재를 소중히 산다면 몸도 마음도 건강해진다.

사랑하는 사람과 헤어지는 것,
구하여 얻지 못하는 것은 괴로움이다.
물은 형태가 없어 둥근 그릇에 담으면 둥글게,
네모난 그릇에 담으면 네모난 모양이 된다.
그러나 모르는 사람은 사실을 잊어버리고 물그릇의 형태에 사로잡힌다.
꽃은 필만한 인연이 모여서 피어나고 때가 되면 잎도 떨어지는 모든 것은 인연에 의하여 변한다. 영원히 머무는 것은 없다. 달이 지면 기울어졌다고 말하고 달이 나타나면 달이 나왔다고 한다.
그러나 달은 언제나 그 자리에 존재하고 있다는 것을 알지 않는가. 성인도 이와 마찬가지로 다만 사람들을 가르치기 위해 생과 멸을 보여 주었을 뿐이다. 하나의 촛불은 몇 천명이 보아도 원래대로 있는 것처럼 행복은 나누어 주어도 줄어드는 일이 없다.
뜻이 아무리 높아도 한 계단 한 계단 올라간다.
깨달음은 그날 그날의 생활 속에 있음을 잊어 버려서는 안 된다.
성인은 우리에게 pore氣량을 고루고루 내려 주신다.
그러나 제각기 인연 따라 혜택을 받는 것이 다를 뿐이다.
이 세상에 돈의 노예가 되지 않은 사람이 몇이나 될 것인가?
돈이 사람을 행복하게 하는 것이 아님을 알라.
돈을 쓸 줄 아는 사람이 돈의 주인 되고
베풀 줄 모르는 사람이 그 돈을 관리하면 곡간 지기와 무엇이 다르랴.
일시의 분을 참으면 백일의 근심을 면하고 참아야 할 곳에 참지 못하면 작은 일이 크게 되어서 수습하기 어렵다.
자신에 능력 없이 좋은 직업만 구하려 한다면 마치 밑천 없이 사업하려는 것과 무엇이 다르겠는가.
자신의 능력과 분수에 맞는 일을 택할 것이며 하는 일에 만족 할 줄 알라.

인생의 방랑자여 그대는 무엇을 찾고 있는가?

성인의 참모습을 찾으려 하거든 당신의 마음속에 있는 선을 보라.

불법은 모두 명산이나 절간에 있고 부처님은 목이나 석으로 만든 불상에 있는 줄 안다.

그러나 불법은 내 마음에 있는 것 성인은 바로 나 자신이 아닌가?

제32품
몸과 마음의
관계

1) 음과 양

우리 몸의 음과 양의 조화는 코 호흡으로 조절한다.

음과 양의 조절은 자동 조절되며 (부처님께서 "우리 몸은 완구 되어 있다." 라고 한 말씀을 증명하기도 하는 대목이다.)우리 몸이 건강하고 편안할 때는 잘 모르고 지나간다.

하지만 우리 몸은 늘 항상(잠잘때에도) 음과 양을 조절하고 있으며 (이것이 자율신경계의 '唯識의 7식 마나식'의 작용)이다.

몸이 아프거나 감기라도 걸려 코가 막히면 확인 할 수 있다. 감기가 걸려 코가 막혀 있을 때 조용히 누워 있는데 막혀 있던 코가 터지고 다른 쪽 코가 막히는 과정을 누구나 경험했을 것이다. 이것이 음과 양이 교대하는 교대식이다. 평소에도 한쪽 코는 막혀있고 한쪽으로만 숨을 쉰다.

그것이 7식 마나식에서 음양조절을 하는 과정이고 일정시간(약1시간)이 지나면 음과 양이 교대하는 시간인 것이다.

몸이 건강하지 못하다는 것은 이 음기와 양기 조절이 균형을 잃어 음기가 강해져서 생기는 몸의 변위 과정이다.

평소에는 한쪽 코로만 숨을 들이쉰다. 음기가 들어갈 때는 음기만 들이쉰다. 교대해서 양기가 들어가면 내쉬는 것도 한쪽 코로만 나온다. 건강할 때는 편안하기 때문에 잘 느끼지 못한다. 다시 말해서 음기와 양기의 조화가 원활하므로 불편함을 모르는 것이다. 그래서 두 코가 다 같이 숨 쉬는 것으로 인식(착각)하는 것이다. 이것은 수행을 해보면 느낄 수 있다.

2)치료법

몸에 나타나는 병의 원인을 알았으니 치료도 가능한 것이다. 마음수련에서는 흐트러진 음기와 양기를 정상적으로 돌려놓는 것이 수련이고 치료방법인 것이다.

그래서 수련을 하면 건강하고 장수할 수 있다고 주장하는 것이다.

이것은 자연계의 규율이고 거역할 수 없는 자연의 우주 환경인 것이다.

우리 몸에 음기와 양기의 불균형은 호흡을 들이마실 때 조절하고 내쉴 때 복원된다. 우리 몸의 왼쪽 코는 양氣가 들어오고 오른쪽 코는 항상 음氣가 들어온다.

우리 몸은 음氣가 강해지면 탁하고 탁氣에 의해서 병이 생긴다.

호흡기를 통해 들어오는 음기와 양기는 내가 아닌 다른 생명체 이기도 한 것이다.

우리가 늘 들이마시는 공기는 살아있는 생명체인 것이다. 이 생명체에 의해 아프기도 하고 회복도 되는 것이다. 불교에서 말하는 인과도 역시 입과 코로 들어오고 나가는 통로인 것이다.

제33품
명상치료

무릎관절

1. 호흡을 들이마셨다 내쉬면서 아픈 부위로 내쉰다고 상염(생각)한다. 이때 아픈 부위가 시원해지고 편안해진다고 생각하며 즐거운 마음을 가진다.

2. 무릎이 아프거든 아픈 부위를 손으로 가볍게 마사지 하면서 참으로 고맙구나 네가 있어서 얼마나 편안하게 움직이고 많은 일을 했는지 모르는데 너의 고마움을 잊고 살았구나 미안하다. 너를 아프게 해서 정말 미안하구나 사랑한다.

앞으로는 아프지 않게 잘 보살펴줄게 우리 다시 일해보자.

인과

나에게 원한이 있어 인과로 온 생명체 너에게도 미안하구나 내가 어느 때 무슨 일로 너에게 고통을 주었는지는 알 수 없지만 그때는 잘 알지 못해서 어리석은 마음에 저지른 잘못이니 용서해다오 대신에 내가 너를 위해서 기도해 줄게 너는 이 인과를 벗어나 좋은 곳에서 편안한 삶으로 돌아가길 바란다.

네가 나를 넘어질 때까지 보복 한다면 지금 너는 이길 수 있지만 또 다른 인과를 낳기 때문에 올바른 방법은 아니지 않느냐 나를 용서하고 너의 갈 길을 가기 바란다.

미안하다 잘 가거라.(부처님께 이 인과를 참회합니다.)

이 인과의 인연을 위해 기도드립니다. 이 인과는 고과에서 선과로 바뀌었습니다.

앞으로는 서로 사랑하며 서로 돕겠습니다. 이 인과를 서로사랑으로 행복을 발원합니다.

마음 속으로도 사과하고 화해하며 사랑으로 만들어 가겠습니다. 그렇게 하고 나면 아픈 부위는 한결 가벼워지고 차차 나아질 것입니다.

머리가 아픈 분

1. 호흡을 들이마시고 내쉬면서 머리의 아픈 부위로 내보낸다고 상염(생각)한다. 이때 머리부위가 시원해지고 편안해진다고 생각한다.

2. 머리가 아프거든 아픈 부위를 손으로 가볍게 마사지 하면서 참으로 고맙구나. 네가 있어서 얼마나 편안하게 움직이고 많은 일을 했는지 모른다. 너의 고마움을 잊고 살았구나. 미안하다. 너를 아프게 해서 정말 미안하구나. 사랑한다. 앞으로는 아프지 않게 잘 보살펴줄게 우리 다시 일해보자. 나에게 원한이 있는 인과로 온 생명체 너에게도 미안하구나. 내가 어느 때 무슨 일로 너에게 고통을 주었는지는 알 수 없지만 그때는 잘 알지 못해서 어리석은 마음에 저지른 잘못이니 용서해다오. 대신에 내가 너를 위해서 기도해 줄게. 너는 이 인과를 벗어나 좋은 곳에서 편안한 삶으로 돌아가길 바란다. 네가 나를 넘어질 때까지 보복을 한다면 지금 너는 이길 수 있지만 또 다른 인과를 낳기 때문에 올바른 방법은 아니지 않느냐. 나를 용서하고 너의 갈 길을 가기 바란다. 미안하다 잘 가거라.(부처님께 이 인과를 참회합니다.)

이 인과의 인연을 위해 기도드립니다. 이 인과는 고과에서 선과로 바뀌었습니다.

앞으로는 서로 사랑하며 서로 돕겠습니다. 이 인과를 서로사랑으로 행복을 발원합니다. 마음속으로도 사과하고 화해하며 사랑으로 만들어가겠습니다. 그렇게 하고 나면 아픈 부위는 한결 가벼워지고 차차 나아질 것입니다.

코가 아픈 분

1. 호흡을 들이마시고 내쉬면서 아픈 부위로 내보낸다고 상염(생각)한다. 이때 아픈 부위가 시원해지고 편안해진다고 생각합니다.

2. 코가 아프거든 아픈 부위를 손으로 가볍게 마사지 하면서 참으로 고맙구나. 네가 있어서 얼마나 편안하게 움직이고 많은 일을 했는데 너의 고마움을 잊고 살았구나. 미안하다. 너를 아프게 해서 정말 미안하구나. 사랑한다. 앞으로는 아프지 않게 잘 보살펴줄게 우리 다시 일해보자.

나에게 원한이 있는 인과로 온 생명체 너에게도 미안하구나. 내가 어느 때 무슨 일로 너에게 고통을 주었는지는 알 수 없지만 그때는 잘 알지 못해서 어리석은 마음에 저지른 잘못이니 용서해다오. 대신에 내가 너를 위해서 기도해 줄게. 너는 이 인과를 벗어나 좋은 곳에서 편안한 삶으로 돌아가길 바란다.

네가 나를 넘어질 때까지 보복을 한다면 지금 너는 이길 수 있지만 또 다른 인과를 낳기 때문에 올바른 방법은 아니지 않느냐 나를 용서하고 너의 갈 길을 가기 바란다. 미안하다 잘 가거라.(부처님께 이 인과를 참회합니다.) 이 인과의 인연을 위해 기도드립니다. 이 인과는 고과에서 선과로 바뀌었습니다.

앞으로는 서로 사랑하며 서로 돕겠습니다. 이 인과를 서로 사랑으로 행복을 발원합니다. 마음속으로도 사과하고 화해하며 사랑으로 만들어가겠습니다. 그렇게 하고 나면 아픈 부위는 한결 가벼워지고 차차 나아질 것입니다.

눈이 나쁜 분

눈이 아플 때도 위에 1번과 2번을 반복한다.

귀가 아픈 분

귀가 아플 때도 위에 1번과 2번을 반복한다.

이가 아픈 분

이가 아플 때는 하는 일이 많아서 힘들 수밖에. 그래도 지금까지 참으로 많은 일을 했어. 그동안 고생했으니 그만 쉬어라. 내가 뽑아줄게 그럼 편히 쉴 수 있잖아. 서운해도 할 수 없어 넌 수명이 다 된 거야. 그동안 날 위해 일 해줘서 정말로 고맙게 생각하고 감사해. 네가 있어 참으로 많이 행복했단다. 다음에 인연이 되면 또 만나자. 자신에 몸 일부분에게도 살아 있는 생명체로 대한다. 위의 1번과 2번을 반복하면서 치료한다.

가슴이 아픈 분

가슴을 가볍게 마사지하며 마음속과 입으로 같이 말하세요. 가슴아 네가 있어서 참 행복 하단다. 네가 있어 사랑할 수 있었고 네가 있어 느낄 수 있어서 즐거운 일, 슬픈 일, 일이 있을 때 친절하고 다정한 말도 할 수 있어서 고맙단다. 그런데 너 지금 힘들어 하는 것을 알면서도 도움이 못되서 미안하다. 외롭고 힘들지 내가 옆에서 도와줄게 너무 힘들어 하지 마. 내 안에 네가 있어 항상 든든하고 힘이 되어 살아오는데 힘이 됐단다.
너는 강하잖아. 그 모진 세월을 나를 살게 살아있게 한 것이 바로 너야 난 널 믿어 곳 힘내서 툭툭 털고 일어나 다시 일할 거라고 우리에 생은 어차피 자업자득이 아니던가. 내가 내 마음을 할퀴고 찢고 스스로를 상처 낸 것이야. 그러니 누굴 탓하겠니. 다 내 탓인걸 다시 텅 빈 마음에 세상 모든 걸 담아보자 또 상처가 나서 할퀴고 찢어서 힘들게 할지라도 우리는 열심히 살아가야 하잖아. 가슴아 고맙다. 너와 동행 할 수 있어서 이세상은 그래도 살아 갈만 하단다.

    1. 호흡을 들이마시고 내쉬면서 아픈 부위로 내쉰다고 상염(생각)한다. 이때 아픈 부위가 시원해지고 편안해진다고 생각합니다.
    2. 가슴이 아프거든 아픈 부위를 손으로 가볍게 마사지 하면서 참으로 고맙구나 네가 있어서 얼마나 편안하게 움직이고 많은 일을 했는지 너의 고마움을 잊고 살았구나 미안하다. 너를 아프게 해서 정말 미안하구나 사랑한다. 앞으로는 아프지 않게 잘 보살펴줄게 우리 다시 일해보자.

    나에 몸에 원한이 있는 인과로 온 생명체 너에게도 미안하구나. 내가 어느 때 무슨 일로 너에게 고통을 주었는지는 알 수 없지만 그때는 잘 알지 못해서 어리석은 마음에 저지른 잘못이니 용서해다오. 대신에 내가 너를 위해서 기도해 줄게. 너는 이 인과를 벗어나 좋은 곳에서 편안한 삶으로 돌아가길 바란다. 네가 나를 넘어질 때까지 보복을 한다면 지금 너는 이길 수 있지만 또 다른 인과를 낳기 때문에 올바른 방법은 아니지 않느냐 나를 용서하고 너의 갈 길을 가기 바란다. 미안하다 잘 가거라.(부처님께 이 인과를 참회합니다.) 이 인과의 인연을 위해 기도드립니다. 이 인과는 고과에서 선과로 바뀌었습니다.
    앞으로는 서로 사랑하며 서로 돕겠습니다. 이 인과는 서로 사랑하며 행복을 발원합니다. 마음속으로도 사과하고 화해하며 사랑으로 만들어 가겠습니다. 그렇게 하고 나면 아픈 부위는 한결 가벼워지고 차차 나아질 것입니다.

폐가 아픈 분

    너의 의지와 상관없이 들어오는 생명체들 때문에 힘들구나. 그래도 넌 열심히 했잖아. 들어오는 생명체들을 차별하지 않고 있는 대로 그대로 없으면 없는 데로 자연스럽게 잘하고 있는 거야. 그렇게 하면 되는 거야. 다른 친구들도 다 힘들어 해 우리만 힘든 거 아냐. 다른 친구들도 이 정도는 삶에 무게를 느끼나 봐. 너무 힘들면 얘기해. 내가 도와 줄게. 난 항상 너의 편이야. 내가 늘 옆에 있다는 거 잊지 마.

1. 호흡을 들이마시고 내쉬면서 아픈 부위로 내쉰다고 상염(생각)한다. 이때 아픈 부위가 시원해지고 편안해진다고 생각합니다.

2. 가슴이 아프거든 아픈 부위를 손으로 가볍게 마사지 하면서 참으로 고맙구나. 네가 있어서 얼마나 편안하게 움직이고 많은 일을 했는지 너의 고마움을 잊고 살았구나. 미안하다. 너를 아프게 해서 정말 미안하구나. 사랑한다. 앞으로는 아프지 않게 잘 보살펴 줄게 우리 다시 일해보자.

나에 몸에 원한이 있는 인과로 온 생명체 너에게도 미안하구나. 내가 어느 때 무슨 일로 너에게 고통을 주었는지는 알 수 없지만 그때는 잘 알지 못해서 어리석은 마음에 저지른 잘못이니 용서해다오. 대신에 내가 너를 위해서 기도해 줄게. 너는 이 인과를 벗어나 좋은 곳에서 편안한 삶으로 돌아가길 바란다. 네가 나를 넘어질 때까지 보복을 한다면 지금 너는 이길 수 있지만 또 다른 인과를 낳기 때문에 올바른 방법은 아니지 않느냐 나를 용서하고 너의 갈 길을 가기 바란다. 미안하다 잘 가거라. (부처님께 이 인과를 참회합니다.) 이 인과의 인연을 위해 기도드립니다. 이 인과는 고과에서 선과로 바뀌었습니다.

앞으로는 서로 사랑하며 서로 돕겠습니다. 이 인과는 서로 사랑하며 행복을 발원합니다. 마음속으로도 사과하고 화해하며 사랑으로 만들어가겠습니다. 그렇게 하고 나면 아픈 부위는 한결 가벼워지고 차차 나아질 것입니다.

위가 아픈 분

너무 많이 먹었나보다. 이것저것 가리지 않고 요즘도 알코올을 많이 먹고 모두 부었잖아. 쓰리고 아프지 아프다고 얘기하지 일 못하겠다고.

1. 호흡을 들이마시고 내쉬면서 아픈 부위로 내쉰다고 상염(생각)한다. 이때 아픈 부위가 시원해지고 편안해진다고 생각합니다.

2. 가슴이 아프거든 아픈 부위를 손으로 가볍게 마사지 하면서 참으로 고맙구나. 네가 있어서 얼마나 편안하게 움직이고 많은 일을 했는지 너의 고마움을 잊고 살았구나. 미안하다. 너를 아프게 해서 정말 미안하구나. 사랑한다. 앞으로는 아프지 않게 잘 보살펴 줄게 우리 다시 일해보자.

나의 몸에 원한이 있는 인과로 온 생명체 너에게도 미안하구나. 내가 어느 때 무슨 일로 너에게 고통을 주었는지는 알 수 없지만 그때는 잘 알지 못해서 어리석은 마음에 저지른 잘못이니 용서해다오. 대신에 내가 너를 위해서 기도해 줄게. 너는 이 인과를 벗어나 좋은 곳에서 편안한 삶으로 돌아가길 바란다.

네가 나를 넘어질 때까지 보복을 한다면 지금 너는 이길 수 있지만 또 다른 인과를 낳기 때문에 올바른 방법은 아니지 않느냐 나를 용서하고 너의 갈 길을 가기 바란다.

미안하다 잘 가거라.(부처님께 이 인과를 참회합니다.) 이 인과의 인연을 위해 기도드립니다. 이 인과는 고과에서 선과로 바뀌었습니다.

앞으로는 서로 사랑하며 서로 돕겠습니다. 이 인과는 서로 사랑하며 행복을 발원합니다. 마음속으로도 사과하고 화해하며 사랑으로 만들어가겠습니다. 그렇게 하고 나면 아픈 부위는 한결 가벼워지고 차차 나아질 것입니다.

갑상선이 아픈 분

너무 참고 혼자만 고민하고 누구에게 상의하고 얘기할 사람도 없이 혼자 견디니 얼마나 외롭고 힘들었니. 널 항상 지켜보면서도 힘이 되지 못해 참으로 미안하구나. 이제부터는 내가 옆에서 도와줄게 힘들면 힘들다고 얘기해. 화나면 화난다고 내게 다 얘기해. 내가 해결해 줄게.

때려주고 싶은 사람 있으면 내가 때려줄게 못된 애가 있으면 내가 혼내줄게 너는 있는 대로 다 말해 그리고 다 내려놓고 좀 쉬자 잠시 쉬면서 살펴보자. 볼래 올 때 뭘 가지고 왔는지 갈 때 뭘 가지고 갈 수 있는지 내 몸도 내 것이 아니라는데 무엇이 내 것인지 하나하나 살펴보자.

이 세상에 올 때 주먹을 쥐고 와서 갈 때는 손을 펴고 간다는데 무엇을 가지고 갈 수 있다고 그 좁은 손으로 세상 모든 것 다 담지 못해 속을 끓이고 마음대로 안 된다고 한을 뿜어내고 있어 그런 자신을 보기는 한거야. 그래가지고 부처님 옆에 갈수 있겠어. 이보게 친구 가벼워야 높이 올라 갈수 있다네.

제대로 된 거 하나만 챙기게 마음

1. 호흡을 들이마시고 내쉬면서 아픈 부위로 내쉰다고 상염(생각)한다. 이때 아픈 부위가 시원해지고 편안해진다고 생각합니다.

2. 가슴이 아프거든 아픈 부위를 손으로 가볍게 마사지 하면서 참으로 고맙구나. 네가 있어서 얼마나 편안하게 움직이고 많은 일을 했는지 너의 고마움을 잊고 살았구나. 미안하다. 너를 아프게 해서 정말 미안하구나. 사랑한다. 앞으로는 아프지 않게 잘 보살펴 줄게 우리 다시 일해보자.

나의 몸에 원한이 있는 인과로 온 생명체 너에게도 미안하구나. 내가 어느 때 무슨 일로 너에게 고통을 주었는지는 알 수 없지만 그때는 잘 알지 못해서 어리석은 마음에 저지른 잘못이니 용서해다오. 대신에 내가 너를 위해서 기도해 줄게.

너는 이 인과를 벗어나 좋은 곳에서 편안한 삶으로 돌아가길 바란다.

네가 나를 넘어질 때까지 보복을 한다면 지금 너는 이길 수 있지만 또 다른 인과를 낳기 때문에 올바른 방법은 아니지 않느냐 나를 용서하고 너의 갈 길을 가기 바란다.

미안하다 잘 가거라.(부처님께 이 인과를 참회합니다.)이 인과의 인연을 위해 기도드립니다. 이 인과는 고과에서 선과로 바뀌었습니다.

앞으로는 서로 사랑하며 서로 돕겠습니다. 이 인과는 서로 사랑하며 행복을 발원합니다. 마음속으로도 사과하고 화해하며 사랑으로 만들어가겠습니다. 그렇게 하고 나면 아픈 부위는 한결 가벼워지고 차차 나아질 것입니다.

당뇨가 있는 분

먹는 것은 많이 먹고 운동은 안하고 그러니 당뇨가 생기지.

네가 만든 병이니 네가 노력해서 치료해. 힘들면 내가 같이 운동해 줄게. 아침에 일찍 일어나 뛰고 걷고 먹는 양 줄이고 열심히 하지 않으면 잘 낫지 않는 것이 이 병이야. 많이 먹어봐야 가죽포대에 배설물만 늘어나서 가지고 다니기만 힘들어. 위의 1번과 2번은 반복해서 발원합니다.

혈압이 있는 분

무엇 때문에 그렇게 긴장하고 조마조마 하며 살아 긴장하면 결과가 좀 나아져? 왜 그렇게 살아. 다 내려놔. 놓으면 편할 걸 왜 스스로 붙들고 힘들다고 해. 고기는 조금만 먹고 야채를 많이 먹어 그래야 건강해져 신경 쓰고 걱정만 했지 남는 거라고는 병 밖에 남는 게 없어 억울하지. 애쓰지마. 긴장하지 말고 잘 하려고 너무 애쓰면 후유증이 심화된다고 하더라도 잠깐이고 인생은 힘든 일이 더 많아. 안 될까봐 너무 긴장하니 힘들고 혈압이 올라가지. 마음이 편해야 신상도 편안해져. 위의 1번과2번을 반복해서 발원하고 치료한다.

심장이 아픈 분

왜 이렇게 벌렁거려 안정이 안 되고 그동안 일을 너무 많이 했구나.

힘들어서 그렇지 좀 쉬어라. 좀 쉬면 괜찮아질 거야. 난 네가 있어서 항상 든든하고 믿음직하고 옆에 있어서 힘이 됐거든 네가 있어서 많은 일을 하고 좋은 결과도 많았어. 이정도 건강하고 잘 살 수 있는 것도 다 네 덕분이다. 고맙다 숨을 크게 들이마시고 천천히 내쉬면서 안정을 시켜봐. 네가 건강해야 일을 하지. 할 일이 아직 많이 남았는데 힘내서 다시 일해보자.

1. 호흡을 들이마시고 내쉬면서 아픈 부위로 내쉰다고 상염(생각)한

다. 이때 아픈 부위가 시원해지고 편안해진다고 생각합니다.

2. 가슴이 아프거든 아픈 부위를 손으로 가볍게 마사지 하면서 참으로 고맙구나 네가 있어서 얼마나 편안하게 움직이고 많은 일을 했는지 너의 고마움을 잊고 살았구나 미안하다. 너를 아프게 해서 정말 미안하구나 사랑한다. 앞으로는 아프지 않게 잘 보살펴줄게 우리 다시 일해보자.

나의 몸에 원한이 있는 인과로 온 생명체 너에게도 미안하구나. 내가 어느 때 무슨 일로 너에게 고통을 주었는지는 알 수 없지만 그때는 잘 알지 못해서 어리석은 마음에 저지른 잘못이니 용서해다오. 대신에 내가 너를 위해서 기도해 줄게.

너는 이 인과를 벗어나 좋은 곳에서 편안한 삶으로 돌아가길 바란다.

네가 나를 넘어질 때까지 보복을 한다면 지금 너는 이길 수 있지만 또 다른 인과를 낳기 때문에 올바른 방법은 아니지 않느냐 나를 용서 하고 너의 갈 길을 가기 바란다. 미안하다 잘 가거라. (부처님께 이 인과를 참회합니다.) 이 인과의 인연을 위해 기도드립니다. 이 인과는 고과에서 선과로 바뀌었습니다.

앞으로는 서로 사랑하며 서로 돕겠습니다. 이 인과는 서로 사랑하며 행복을 발원합니다. 마음속으로도 사과하고 화해하며 사랑으로 만들어 가겠습니다. 그렇게 하고 나면 아픈 부위는 한결 가벼워지고 차차 나아질 것입니다.

간이 아픈 분

넌 항상 걱정했는데 그래도 잘 버티고있다 싶었는데 너무 힘들었구나. 힘들 때는 좀 쉬면서 이렇게 해봐.

1. 호흡을 들이마시고 내쉬면서 아픈 부위로 내쉰다고 상염(생각)한다. 이때 아픈 부위가 시원해지고 편안해진다고 생각합니다.

2. 가슴이 아프거든 아픈 부위를 손으로 가볍게 마사지 하면서 참으로 고맙구나. 네가 있어서 얼마나 편안하게 움직이고 많은 일을 했는지 너의

고마움을 잊고 살았구나. 미안하다. 너를 아프게 해서 정말 미안하구나. 사랑한다. 앞으로는 아프지 않게 잘 보살펴 줄게 우리 다시 일해보자.

나의 몸에 원한이 있는 인과로 온 생명체 너에게도 미안하구나. 내가 어느 때 무슨 일로 너에게 고통을 주었는지는 알 수 없지만 그때는 잘 알지 못해서 어리석은 마음에 저지른 잘못이니 용서해다오. 대신에 내가 너를 위해서 기도해 줄게. 너는 이 인과를 벗어나 좋은 곳에서 편안한 삶으로 돌아가길 바란다.네가 나를 넘어질 때까지 보복을 한다면 지금 너는 이길 수 있지만 또 다른 인과를 낳기 때문에 올바른 방법은 아니지 않느냐 나를 용서하고 너의 갈 길을 가기 바란다.미안하다 잘 가거라.(부처님께 이 인과를 참회합니다.)이 인과의 인연을 위해 기도드립니다. 이 인과는 고과에서 선과로 바뀌었습니다.

앞으로는 서로 사랑하며 서로 돕겠습니다. 이 인과는 서로 사랑하며 행복을 발원합니다. 마음속으로도 사과하고 화해하며 사랑으로 만들어가겠습니다. 그렇게 하고 나면 아픈 부위는 한결 가벼워지고 차차 나아질 것입니다.

대장이 아픈 분

소화시키느라고 힘이 드는구나. 변비가 있으면 고민하지 말고 호흡해 봐. 가득 들이마시고 천천히 아래로 내쉬는 거야. 힘주지 말고 이 호흡만 계속 하면 내려가 빨리 나아라 내가 응원해줄게 힘내.

신장이 아픈 분

너 사랑을 너무 많이 해서 지쳤나보다 .좀 쉬어가며 하지. 나의 주인이 잡스럽게 먹는 걸 가리지 않고 아무거나 다 먹어서 힘들어. 아무리 먹는 권한이 입에 있다지만 밑에 기관도 생각을 좀 해야지 도대체 실수가 없어. 우리가 쓰레기처리장은 아니잖아. 난 너무 힘들어. 그럼 이렇게 해보세요.
1. 호흡을 들이마시고 내쉬면서 아픈 부위로 내쉰다고 상염(생각)한

다. 이때 아픈 부위가 시원해지고 편안해진다고 생각합니다.

　2. 가슴이 아프거든 아픈 부위를 손으로 가볍게 마사지 하면서 참으로 고맙구나. 네가 있어서 얼마나 편안하게 움직이고 많은 일을 했는지 너의 고마움을 잊고 살았구나. 미안하다. 너를 아프게 해서 정말 미안하구나. 사랑한다. 앞으로는 아프지 않게 잘 보살펴 줄게 우리 다시 일해보자.

　나의 몸에 원한이 있는 인과로 온 생명체 너에게도 미안하구나. 내가 어느 때 무슨 일로 너에게 고통을 주었는지는 알 수 없지만 그때는 잘 알지 못해서 어리석은 마음에 저지른 잘못이니 용서해다오. 대신에 내가 너를 위해서 기도해 줄게.

　너는 이 인과를 벗어나 좋은 곳에서 편안한 삶으로 돌아가길 바란다.

　네가 나를 넘어질 때까지 보복을 한다면 지금 너는 이길 수 있지만 또다른 인과를 낳기 때문에 올바른 방법은 아니지 않느냐 나를 용서하고 너의 갈 길을 가기 바란다.

　미안하다 잘 가거라.(부처님께 이 인과를 참회합니다.)이 인과의 인연을 위해 기도드립니다. 이 인과는 고과에서 선과로 바뀌었습니다.

　앞으로는 서로 사랑하며 서로 돕겠습니다. 이 인과는 서로 사랑하며 행복을 발원합니다. 마음속으로도 사과하고 화해하며 사랑으로 만들어가겠습니다. 그렇게 하고 나면 아픈 부위는 한결 가벼워지고 차차 나아질 것입니다.

자궁이 아픈 분

　1. 호흡을 들이마시고 내쉬면서 아픈 부위로 내쉰다고 상염(생각)한다. 이때 아픈 부위가 시원해지고 편안해진다고 생각합니다.

　2. 가슴이 아프거든 아픈 부위를 손으로 가볍게 마사지 하면서 참으로 고맙구나. 네가 있어서 얼마나 편안하게 움직이고 많은 일을 했는지 너의 고마움을 잊고 살았구나. 미안하다. 너를 아프게 해서 정말 미안하구나. 사랑한다. 앞으로는 아프지 않게 잘 보살펴 줄게 우리 다시 일해보자.

나의 몸에 원한이 있는 인과로 온 생명체 너에게도 미안하구나. 내가 어느 때 무슨 일로 너에게 고통을 주었는지는 알 수 없지만 그때는 잘 알지 못해서 어리석은 마음에 저지른 잘못이니 용서해다오. 대신에 내가 너를 위해서 기도해 줄게. 너는 이 인과를 벗어나 좋은 곳에서 편안한 삶으로 돌아가길 바란다. 네가 나를 넘어질 때까지 보복을 한다면 지금 너는 이길 수 있지만 또 다른 인과를 낳기 때문에 올바른 방법은 아니지 않느냐 나를 용서하고 너의 갈 길을 가기 바란다. 미안하다 잘 가거라.(부처님께 이 인과를 참회합니다.) 이 인과의 인연을 위해 기도드립니다. 이 인과는 고과에서 선과로 바뀌었습니다.

앞으로는 서로 사랑하며 서로 돕겠습니다. 이 인과는 서로 사랑하며 행복을 발원합니다. 마음속으로도 사과하고 화해하며 사랑으로 만들어 가겠습니다. 그렇게 하고 나면 아픈 부위는 한결 가벼워지고 차차 나아질 것입니다.

유방이 아픈 분

1. 호흡을 들이마시고 내쉬면서 아픈 부위로 내쉰다고 상염(생각)한다. 이때 아픈 부위가 시원해지고 편안해진다고 생각합니다.

2. 가슴이 아프거든 아픈 부위를 손으로 가볍게 마사지 하면서 참으로 고맙구나. 네가 있어서 얼마나 편안하게 움직이고 많은 일을 했는지 너의 고마움을 잊고 살았구나. 미안하다. 너를 아프게 해서 정말 미안하구나. 사랑한다. 앞으로는 아프지 않게 잘 보살펴 줄게 우리 다시 일해보자.

나의 몸에 원한이 있는 인과로 온 생명체 너에게도 미안하구나. 내가 어느 때 무슨 일로 너에게 고통을 주었는지는 알 수 없지만 그때는 잘 알지 못해서 어리석은 마음에 저지른 잘못이니 용서해다오. 대신에 내가 너를 위해서 기도해 줄게. 너는 이 인과를 벗어나 좋은 곳에서 편안한 삶으로 돌아가길 바란다. 네가 나를 넘어질 때까지 보복을 한다면 지금 너는 이길 수 있지만 또 다른 인과를 낳기 때문에 올바른 방법은 아니지 않느냐 나를 용서하고 너의 갈 길을 가기 바란다. 미안하다 잘 가거라.(부처님께 이 인과를 참회합니다.) 이 인과의 인연을 위해 기도드립니다. 이 인과는 고과에서 선과로 바뀌었습니다.

앞으로는 서로 사랑하며 서로 돕겠습니다. 이 인과는 서로 사랑하며 행복을 발원합니다. 마음속으로도 사과하고 화해하며 사랑으로 만들어 가겠습니다. 그렇게 하고 나면 아픈 부위는 한결 가벼워지고 차차 나아질 것입니다.

혈액이 아픈 분

간과 심장을 마사지하며

1. 호흡을 들이마시고 내쉬면서 아픈 부위로 내쉰다고 상염(생각)한다. 이때 아픈 부위가 시원해지고 편안해진다고 생각합니다.
2. 가슴이 아프거든 아픈 부위를 손으로 가볍게 마사지 하면서 참으로 고맙구나. 네가 있어서 얼마나 편안하게 움직이고 많은 일을 했는지 너의 고마움을 잊고 살았구나. 미안하다. 너를 아프게 해서 정말 미안하구나. 사랑한다. 앞으로는 아프지 않게 잘 보살펴 줄게 우리 다시 일해보자.

나의 몸에 원한이 있는 인과로 온 생명체 너에게도 미안하구나. 내가 어느 때 무슨 일로 너에게 고통을 주었는지는 알 수 없지만 그때는 잘 알지 못해서 어리석은 마음에 저지른 잘못이니 용서해다오. 대신에 내가 너를 위해서 기도해 줄게. 너는 이 인과를 벗어나 좋은 곳에서 편안한 삶으로 돌아가길 바란다.

네가 나를 넘어질 때까지 보복을 한다면 지금 너는 이길 수 있지만 또 다른 인과를 낳기 때문에 올바른 방법은 아니지 않느냐 나를 용서하고 너의 갈 길을 가기 바란다. 미안하다 잘 가거라.(부처님께 이 인과를 참회합니다.)이 인과의 인연을 위해 기도드립니다. 이 인과는 고과에서 선과로 바뀌었습니다.

앞으로는 서로 사랑하며 서로 돕겠습니다. 이 인과는 서로 사랑하며 행복을 발원합니다. 마음속으로도 사과하고 화해하며 사랑으로 만들어 가겠습니다. 그렇게 하고 나면 아픈 부위는 한결 가벼워지고 차차 나아질 것입니다.

병명이 나오지 않는 분

인과로 인한 과보이니 참회기도 하기 바란다. (천도재도 방편이다.)

참회진언(옴 살바 못자모지 사다야 사바하)나을 때까지 계속한다. 진실로 참회해야 효과를 볼 수 있다. 말로만해서는 안 된다.

어깨가 아픈 분

인과인이니 참회기도와 천도재도 방법이다.

참회기도진언(옴살바 못자모지 사다야 사바하) 진실로 미안하다는 마음으로 외워라.

1. 호흡을 들이마시고 내쉬면서 아픈 부위로 내쉰다고 상염(생각)한다. 이때 아픈 부위가 시원해지고 편안해진다고 생각합니다.
2. 가슴이 아프거든 아픈 부위를 손으로 가볍게 마사지 하면서 참으로 고맙구나. 네가 있어서 얼마나 편안하게 움직이고 많은 일을 했는지 너의 고마움을 잊고 살았구나. 미안하다. 너를 아프게 해서 정말 미안하구나. 사랑한다. 앞으로는 아프지 않게 잘 보살펴 줄게 우리 다시 일해보자.

나의 몸에 원한이 있는 인과로 온 생명체 너에게도 미안하구나. 내가 어느 때 무슨 일로 너에게 고통을 주었는지는 알 수 없지만 그때는 잘 알지 못해서 어리석은 마음에 저지른 잘못이니 용서해다오. 대신에 내가 너를 위해서 기도해 줄게. 너는 이 인과를 벗어나 좋은 곳에서 편안한 삶으로 돌아가길 바란다. 네가 나를 넘어질 때까지 보복을 한다면 지금 너는 이길 수 있지만 또 다른 인과를 낳기 때문에 올바른 방법은 아니지 않느냐 나를 용서하고 너의 갈 길을 가기 바란다. 미안하다 잘 가거라. (부처님께 이 인과를 참회합니다.) 이 인과의 인연을 위해 기도드립니다. 이 인과는 고과에서 선과로 바뀌었습니다.

앞으로는 서로 사랑하며 서로 돕겠습니다. 이 인과는 서로 사랑하며 행복을 발원합니다. 마음속으로도 사과하고 화해하며 사랑으로 만들어 가겠습니다. 그렇게 하고 나면 아픈 부위는 한결 가벼워지고 차차 나아질 것입니다.

억울하신 분

억울함을 당해 앙갚음을 하려 하지 마라. 앙갚음을 하면 또 다른 원한을 낳는 것이니 억울함은 상대가 나에게 한 악업이니 그 사람의 업으로 내가 상관할 것이 없다. 상대가 지은 업을 보고 내가 억울해 하는 것으로 끝내야지 앙갚음을 하게 되면 나의 업이 생산된다. 상대의 업으로 인한 업은 상대의 것이지 나의 것이 아니므로 내가 따라 갚는다고 하면서 따라 짓는 것은 지혜인이 못 된다.

학대받은 분

폭력은 어떠한 경우라도 정당하지 못하다. 서로 주고받고 하는 것은 학대가 아니다. 일방적인 폭력이 학대인 것이다. 계속해서 반복되는 것이 학대인 것이다. 폭력을 계속해서 반복적으로 행하는 것은 정신이 제정신이 아닌 상태에서 하는 것이고 비정상적인 인간성 결여에서 오는 분풀이다. 그 자리를 피하는 것이 제일이다. 치료 방법은 명상치료가 방법일 것이다.(명상) 음악을 들르며 호흡을 크게 들이마시고 내쉴 때 조금씩 조금씩 내쉬는 방법이다. 내쉬면서 가슴에 있는 한도 같이 내려간다고 생각하며 내쉬면 막혔던 가슴이 뚝 터지면서 시원해진다.

1. 호흡을 들이마시고 내쉬면서 아픈 부위로 내쉰다고 상염(생각)한다. 이때 아픈 부위가 시원해지고 편안해진다고 생각합니다.

2. 가슴이 아프거든 아픈 부위를 손으로 가볍게 마사지 하면서 참으로 고맙구나. 네가 있어서 얼마나 편안하게 움직이고 많은 일을 했는지 너의 고마움을 잊고 살았구나. 미안하다. 너를 아프게 해서 정말 미안하구나. 사랑한다. 앞으로는 아프지 않게 잘 보살펴 줄게 우리 다시 일해보자.

나의 몸에 원한이 있는 인과로 온 생명체 너에게도 미안하구나. 내가 어느 때 무슨 일로 너에게 고통을 주었는지는 알 수 없지만 그때는 잘 알지 못해서 어리석은 마음에 저지른 잘못이니 용서해다오. 대신에 내가 너를 위해서 기도해 줄게. 너는 이 인과를 벗어나 좋은 곳에서 편안한 삶으로 돌아가길 바란다. 네가 나를 넘어질 때까지 보복을 한다면 지금 너는 이길 수 있지만 또 다른 인과를 낳기 때문에 올바른 방법은 아니지 않느냐 나를 용서하고 너의 갈 길을 가기 바란다. 미안하다 잘 가거라.(부처님께 이 인과를 참회합니다.) 이 인과의 인연을 위해 기도드립니다. 이 인과는 고과에서 선과로 바뀌었습니다.

앞으로는 서로 사랑하며 서로 돕겠습니다. 이 인과는 서로 사랑하며 행복을 발원합니다. 마음속으로도 사과하고 화해하며 사랑으로 만들어 가겠습니다. 그렇게 하고 나면 아픈 부위는 한결 가벼워지고 차차 나아질 것입니다.

지난 세월 속에 죄책감이 있는 분

미안합니다. 그땐 철이 없어 뭘 모르고 저지른 잘못입니다. 본의 아니게 실수로 인해 그대에게 상처를 준 것은 지혜롭지 못한 행동이었습니다. 아이야! 미안하다! 엄마가 잘못했어. 널 보내고 얼마나 미안하고 보고 싶었는지 모른다. 다시 널 만나면 뭐라 말해야 하나 많이 생각 했단다. 나만 생각하고 내 입장만 생각하고 너의 생각은 미처 못 했구나 그걸 마음속에 두고두고 불편했어. 이제야 너에게 사죄하는구나. 정말 미안하구나 엄마를 용서해다오. 이승의 인연은 여기까지 인 것 같구나. 우리 다음 생에서라도 다시 만나 못다 한 사랑 나누자 미안하다 아가야! 극락세계에 태어나 다시는 고통 받는 일 없길 바란다.(나무아미타불 3번) 미안합니다. 죄

송합니다. 사죄합니다. 용서를 빕니다. 호흡을 들이마시고 내쉴 때 이 죄책감도 함께 내려 보내세요.

직업으로 인해 항상 죄책감이 있는 분

미안합니다. 잘못인줄 알지만 처자식과 먹고 살려다 보니 본인의 마음과는 별 상관없이 직업적으로 행해지는 것이니 어쩔 수가 없습니다. 조금만 더 하고 참회하겠습니다. 호흡을 들이마시고 내쉴 때 죄책감도 같이 내려 보냅니다.

어쩔 수 없는 실수로 인해 원한이 있는 분

나에 실수였어. 미안해. 그때 내가 조금만 조심했더라면 이런 아픔은 없었을 텐데 항상 미안해. 이제 나를 용서해주지 않을래. 나도 이제 조금은 자유로웠으면 해. 이 아픔은 여기서 작별하고 싶어. 다음에 우리 만나 못다 한 이야기 하자. 안녕. 호흡을 들이마시고 내쉴 때 아픔까지 같이 내려 보냅니다.

화가 나서 저지른 원한이 있는 분

네가 나한테 이럴 수 있어? 나는 못할 줄 알아? 서로 할퀴고 찢고 학대하는 것은 상대에게 한다고 하지만 그건 바로 나 자신에게 하는 발길질이다. 상대에게 한다고 하지만 결국에는 다시 돌아와 나를 괴롭히기 때문입니다. 그래서 자업자득이라 했지요. 자기가 심은 씨앗은 꼭 자신이 따는 것이 인과 법칙입니다. 어떤 경우에도 뿌린 씨앗은 그대로 따야 합니다. 심은 씨앗은 절대 변하는 일이 없습니다. 이 원한과 사과하고 화해하며 저주는 그만하고 사랑으로 행복을 빌어주는 새로운 인과를 만들어가기 바랍니다.

다른 부위의 아픈 곳과도 이와 같이 화해하고 사과하고 사랑으로 바꿔

가는 인연을 만들어가세요. 몸이 아픈 분들은 먼저 참회하고 인과로 내 몸에 와있는 생명체와 사과하고 화회하며 사랑하세요. 그것이 인과에 대한 예이고 도리입니다. 우리 중생은 5탁 악세에 살기 때문에 누구나 자신이 아는 인과와 자신도 모르는 인과를 다 가지고 있습니다.

누구나 몸이 한 번쯤 아파본 적이 있을 것이다.

그때 치료가 먼저라고 생각하는 것이 가장 큰 오류다.

먼저 참회하고 반성하는 것이 자기 자신을 스스로 치료하고 수련을 통해 자기 몸은 자신이 치료하고 인과법칙에 의해 사는 방법이다. 그러나 요즘은 조금만 아파도 바로 병원에 의지하고 만다. 병원에 치료 방법은 적절하다고 말할 수 없다.

약을 먹어서 치료하는 정도는 이해할 수 있지만 수술을 하고 째고 꿰매는 것은 자연계 규율에 어긋나는 것이고 병이 나은 것처럼 보이지만 완치라고 할 수는 없다. 그로인해 흔적이 남기 때문이다. 흉터는 또 다른 장애인 것이고 아픔인 것이기 때문이다. 그럼에도 인과는 소멸되지 않고 남아 잠재한다. 언젠가는 다시 풀어야 할 숙제인 것이다. 이 도리를 알고도 함부로 살 수 있겠는가? 이 우주의 규율과 인과를 알면 자연히 하심(下心)하고 착하게 살려고 노력하는 것이다. 그것이 수행이고 수련인 것이다.

소리 힐링

몸은 악기다. 소리를 담아내는 통으로 생각하면 좋을 듯 싶다.

자신의 목소리로 울림을 만든다. '아! 오! 우! 옴!' 으로 몸을 소리로 진동시켜 울림을 만든다. 지속해서 울림을 만들어 낼 때 느낌이 생기며 울림이 커지고 넓어지며 반응하고 몸이 하는 말을 들을 수 있다.

숲 힐링

자신을 닦는 방법을 반복해서 청정함을 유지하는 것이 목적이다.

자신을 사랑한다면 생각과 행동으로 자신을 오염시키지 마라. 나무에서 나오는 청정한 기운을 받아들이고 자신의 탁하고 오염된 기운은 나무에게 주는 작업을 반복한다. 이 방법으로 지속적으로 반복하면 나무와 대화도 가능해지고 자신은 저절로 정화가 된다.

〈37조도품〉

4 념처 (4 念處: 네가지를 생각하는 것) : 4 念住라고도 하는데 37조도품 가운데 첫 번째 실천수행방법이다. 자신의 몸과 마음을 안으로 비춰봄으로써 바른지혜를 얻는 것이다. 우리의 몸과 마음은 다섯 가지 요소가 인연에 의하여 화합된 것에 불과한데 우리는 그것을 깨닫지 못하고 이에 집착하므로 이것을 바로 잡기위해 身,受,心,法을 바르게 관하는 방법이다.

4 정근 (4 正勤:네가지를 바르게 정진하는 것) : 불교수행 특히 위의 4 념처관을 게을리 하지 않고 부지런히 힘껏 정진하는 것이다.

4 여의족 (4 如意足 : 네가지의 뜻대로 만족하는 것) : 자유자재한 신통을 말하는 것인데 여기서는 망념을 가라앉히는 定을 가리키다. 定이란 마음을 한곳에 모아 산란치 않게 하는 정신작용이며 여기에는 欲,念,進,慧가 있다. 따라서 4여의족이란 뜻대로 희구하고 뜻대로 생각하고 뜻대로 정진하고 지혜로써 관하며 닦아가는 수행이다.

5 력 (5 力: 다섯가지의 힘): 力이란 앞의 根이 증강되어 자신감이 넘침에 따라 장애가 생기면 그것을 퇴치할 수 있는 힘이다. 내용도 5根과 일치한다.

7 각지 (7 覺支: 일곱가지의 닫는 방법) :마음이 들뜨거나 처지는 것을 잘 조절하는 방법으로서 7가지가 있다.

8 정도 (8 正道: 여덟가지의 바른길): 열반에 이르기위한 8가지방법

제34품

선 체조

모든 동작을 좌 우로 균형을 맞추어하고 1회 또는 3회 반복한다. 호흡은 동작에 들어 가기전에 깊이 들어마시고 동작하면서 길게 천천히 내쉰다.

1번
앉아 허리돌리기 우측 한 번 좌측 한 번
효과: 허리에 유연함을 준다.

2번
앉아 허리돌려 발가락 잡기
효과:뒤다리 근육 이완과 옆구리
늘리기

3번
앉아 허리 굽히기
효과:허리에 유연함과
뒷 다리 근육 이완

4번
앉아 허리돌리기
효과:어깨와 뒷 다리 뱃살에
효과적이다.

5번
앉아 허리돌리기
효과: 다리 안쪽 근육 이완과
허리강화

6번
앉아 허리 돌리기
효과:어깨 근육과 옆구리
근육 늘리기

7번
엎드려 뒤 다리 펴기
효과:어깨와 앞 허벅지 발등
이완 효과

8번
엎드려 다리 뒤로 펴기
효과:척추와 목 엉덩이 강화 효과

9번
앉아 다리 펴 들기
효과:무릎 관절 강화 효과

10번
옆으로 누워 다리들기
효과:팔 다리 근육 강화
군살 빼기 효과

11번
엎드려 허리 뒤집기
효과:갑상선 목 허리 코골이
복근 강화 효과

12번
바로 누워 다리 들어 좌우로 넘기기
효과: 뱃살 자극과 허리근육 풀기

13번
바로누워 다리 들어 좌우로 넘기기
효과: 뱃살 자극과 허리 고르기

14번
바로누워 허리 꼬기
효과:허리 근육 이완과 강화에 효과적

15번
바로누워 허리 꼬기
효과:허리 이완 근육강화 효과적

16번
엎드려 다리 들기
효과:허벅지 근육과 배, 허리 자극에
효과적이다.

17번
엎드려 허리들기
효과:어깨와 뒷다리 근육 이완 효과

18번
엎드려 머리들기
효과: 배 근육과 허리자극에
효과적이다.

19번
머리자극
효과: 탈모 피부자극 머릿결에
효과적

20번
팔목 비틀어 펴기
효과: 손목과 관절 기혈 소통에
효과적

21번
앉아 등 뒤에서 손잡기
효과:구부러진 허리 교정효과

22번
허리 뒤집기
효과: 가슴이 열리고 배와 목
근육이 단력된다.

23번
일자 다리 펴기
효과: 다리안쪽 근육과 무릎 관절에
효과적이다.

24번
앉아서 다리 들어 팔 펴기
효과: 발목강화와 대퇴부
근육강화 운동

25번
누워 발 뒤로 넘기기
효과: 등뼈 척추신경 위장 간장·비장
자극 운동

26번
두 발 벌려 팔 펴기
효과: 다리근육과 관절에
효과적이다.

27번
가슴 열어 펴기
효과: 폐활량 극대화 하체 단력
효과적이다.

28번
한발로 균형 잡기
효과: 비만과 집중력강화 고혈압 등
효과적이다.

29번
한발로 균형 잡고 옆구리 자극하기
효과: 정신집중과 각 장기에
효과적이다.

30번
한발로 균형 잡고 한발 앞으로 들기
효과: 정신집중과 몸 균형 잡는데
효과적이다.

31번
다리 근육강화 운동
효과: 어깨와 팔목긴장 완화 유연성
강화 운동

32번
누워서 팔로 발가락 잡기
효과: 다리 근육과 옆구리 강화
효과적이다.

33번
누워 호흡하기
효과: 편안함과 안정을 준다.

34번
바로 누워서 다리 들어 좌우로 넘기기
효과:무릎관절과 허리근육 강화에
효과적이다.

35번
허리들어 올리기
효과: 어깨 뒷 다리 근육 강화 운동

36번
무릎 밀어 허리 자극하기
효과: 요통 허리 통증과 유연성에 효
과적이다.

제35품

마음으로 보는

선서화 심학도

작가 정행스님 수행일기
작품명:心鶴마음으로 보는 변상학도

　1988년 여름 설악산 줄기 양양군 오색온천 하류에 토굴을 지어 수행에 정진할 때 토굴 주위로 개울물 흐르는 소리가 늘 노래 소리로 들리고 물 소리와 함께 했던 시간, 명상 중에 날마다 물 소리를 따라 노닐다가 어느 날 갑자기 큰 물을 만나고 그 물속에는 많은 생명들이 저마다 즐거운 시간을 보내고 있다는 것을 알게 되었다. 어느 날 예쁜 새가 나타나 나를 인도해 따라가 보니 학 마을이 있었고 대대적인 환영인사로 나를 반겨주었다. 즐거운 시간을 보내다 깨어나 보니 입정한지 1주라는 시간이 지났다.
　그 후로 나는 눈만 감으면 학 마을에 가서 노는 것이 마장(魔障)을 만났구나 하는 생각에 새를 밀어내기 시작했고 씨름한 시간이 1년이 지나고 다시 가을이 왔을 때 어느 날 신문에 낙서를 하다 던져 놓고 밖을 나갔다 들어오니 신문에 낙서로 그려놓은 새가 말을 걸어왔다.
　순간 내 입에서 아~ 소리가 나왔다.
　그때부터 학을 그리기 시작해서 옆에 두니 학 마을에 가지 않게 되었으며 수용의 방법으로 그리고 수행에도 일보 진전이 있었다. 그렇게 심학은 내곁으로 왔고 지금까지 그리고 내 안에 있다.
　나에겐 수행의 동반자인 것이다.

* 그림 보는법
심학 그림은 보는 사람 마음이 들어나는 그림으로 마음 따라 다르게 나타난다.

작가약력

법명: 정행스님
법호: 자광
속명: 홍창기
선서화
작품명: 심학도
(마음으로보는 명상학)심학도
2014년 가을 인사동(이즈)전시후 5회
현 학마을 평생교육원장
현 학마을 명상센터장
저서
내면의 고민과 행복
경력
동명심 명상심리상담 협회장
동국대 불교대학원 동림회 47대회장
동국대 불교대학원 동림회 46대회장
동국대 불교대학원 명상심리상담 전공
동국대 불교대학원 co20기

일심 선원장
일본 조계종 고려사 재무이사
자격증
가족세우기 지도자
집단상담사 지도사
개인상담사 지도사
인성교육지도사 1급.2급.
자비명상지도사
중독상담 지도사
명상심리상담사
1987년3월 일본고려사 석태연스님을
은사로 득도
1960년 전라북도 고창에서 태어남

내면의 고민과 행복

초판 1쇄 인쇄일 | 2018년 3월 25일
초판 1쇄 발행일 | 2018년 3월 28일

지은이　　　　| 정행
펴낸이　　　　| 정진이
편집장　　　　| 김효은
편집/디자인　 | 우정민 박재원
마케팅　　　　| 정찬용 우민지
영업관리　　　| 한선희 이성국
책임편집　　　| 정구형
인쇄처　　　　| 국학인쇄소
펴낸곳　　　　| 국학자료원 새미(주)
　　　　　　　 등록일 2005 03 15 제251002005000008호
　　　　　　　 경기도 파주시 소라지로 2282(송촌동 579-4)
　　　　　　　 Tel 4424623 Fax 64993082
　　　　　　　 www.kookhak.co.kr
　　　　　　　 kookhak2001@hanmail.net

ISBN　　　　 | 979-11-88499-36-6 *03190
가격　　　　　| 20,000원